Le Journal de moi... maman

Muriel Ighmouracène
Illustrations de Lise Herzog

Le Journal de moi... maman

LAROUSSE

MERCI !

À ma fille, d'être encore plus merveilleuse qu'elle ne l'était lorsque j'ai fini l'écriture de mon premier livre, et encore moins que demain, de m'avoir donné la force, le courage et l'envie de réaliser certains de mes rêves qui ne l'avaient pas encore été.

À Julien, d'être toujours et encore mon compagnon, malgré les tempêtes et les bourrasques.

Merci à Paola, Mathilde, Delphine, Catherine, Sylvie et Maryline de m'accompagner chez Larousse.

À mes parents, de m'avoir permis d'être fière de ce que je suis aujourd'hui.

À Bruno et Olivier, mes très grands frères.

À ma belle-famille, de me considérer comme faisant partie de la famille à part entière.

À mes très chères amies : Annie, Ariane, Axelle, Bérénice, Célia, Esther, Hellwig, Henry-Anne, Jane, Joëlle, Marie-Christine, Marion, Marjolaine, Nadia, Nadine, Nathalie, Sophie, Souaad, Weena, Youmna.

À mes cousins et cousines : Cécile, Isabelle, Sophie, Véronique, Jean-Marc, Aurélien, Laure, ainsi que leurs enfants et leurs moitiés.

À Evan, mon filleul, à ses frère et sœur Quentin et Gala que j'aime tendrement.

À celles qui s'occupent si bien de ma fille en mon absence : Aïcha, Danielle, Aurore, Isabelle et toute l'équipe.

Aux nombreux parents qui m'ont confié leur témoignage avec authenticité, sincérité et générosité pour enrichir ce livre d'autres expériences que la mienne, comme j'aurais aimé pouvoir les publier tous !

SOMMAIRE

J'étais si moche que ça quand j'ai accouché ?

Il faut que je les fasse, ça devient urgent !!!

SEMAINE 1

Elle est là !
(Et ce n'est pas QUE de la joie...)

VENDREDI, 13 H 40, à la maternité.

Elle est là. Posée sur mon ventre, toute nue contre moi. Je ne sais pas comment faire pour réussir à la serrer hyperfort – sans l'étouffer, tant qu'à faire – tout en la regardant. Je louche pour la voir, je recule la tête pour l'admirer et puis je me sens trop loin, je la serre à nouveau de toutes mes forces.

C'est moi qui l'ai sortie, je l'ai prise de mes mains et posée sur moi, je n'en reviens toujours pas.

Je suis mère !
Je suis SA mère.

Cette petite créature gluante et chaude posée là sur moi. Je suis sa mère. Je craignais de la trouver moche après neuf mois passés là-dedans, de ne pas la reconnaître. Bon, j'imagine bien qu'elle ne dévoile pas encore tout son potentiel et qu'elle gagnera à être propre et habillée, mais je la trouve déjà assez canon !

Elle a le culot de ressembler à son père, ce que je trouve assez gonflé vu qu'elle vient de passer neuf mois en *« all inclusive »* dans le giron maternel, mais je me souviens de la légende urbaine qui dit que les bébés commencent par ressembler au papa pour que celui-ci soit sûr qu'il s'agit bien de sa progéniture... En effet, là, pas de doute, c'est bien la fille de son père ! Personnellement je n'avais pas d'inquiétude à ce sujet...

Comme tu ressembles
à ton père, ma chérie !

CONFIDENCE DE MUM

« Le premier cri de mon fils ressemblait plus à un évier qu'on débouche qu'au joli "ouin" auquel on s'attendait... »

Amanda

Julien est comme paralysé par l'émotion.

13 h 45, Julien est sous le choc.

Il ne bouge pas, il est à côté de nous, comme paralysé par l'émotion. J'ai l'impression qu'il a fait en quelques secondes le chemin que j'ai fait en neuf mois, les angoisses, les joies, les doutes. En un éclair, nous sommes devenus parents. Du moins, aux yeux du monde et de la société car, pour nous, le processus est en marche depuis un moment déjà…

« On va vérifier que tout va bien, le liquide amniotique était un peu teinté. On va l'emmener à côté quelques minutes et on vous la ramène. »

Aïe. Première séparation. Premier pincement au cœur. Ma fille, celle qui habitait chez moi depuis sa création, va quitter la pièce. Julien n'a pas bougé.

« Vas-y, Julien, suis-la !

– Euh… » Il me regarde, hagard.

« Mon amour, elles vont l'emmener à côté, tu la suis ? Je ne veux pas qu'elle soit toute seule.

– Ah oui, oui. »

Je crois que j'ai temporairement perdu mon sens de l'objectivité.

LES MENSURATIONS MOYENNES D'UN BÉBÉ À LA NAISSANCE

- Taille : 45 à 55 cm / moyenne = 50 cm
- Poids : 2,600 kg à 4 kg / moyenne = 3,250 kg
- Périmètre crânien : 34 à 36 cm / moyenne = 35 cm

DÉLIT DE GROSSE TÊTE ?

La courbe du périmètre crânien sert à suivre la croissance du cerveau et, en cas de problème, permet de détecter certaines anomalies. Mais attention, pas de panique : ce qui compte, c'est l'analyse de la courbe, que seul le médecin sait interpréter. Chaque enfant a une tête différente !

Je ris. Ma fille est née, elle va bien, elle pleure, elle respire, elle crie.

Elle est belle, je lui pardonne le mauvais goût de ne pas être ma copie conforme, j'ai compté les doigts, les orteils, les jambes, les têtes, les nombrils : tout est en bonne quantité. Le reste n'est que fioriture. Les sages-femmes reviennent, suivies de mon homme, le père de ma fille, qu'il tient dans ses bras – non, je n'en reviens toujours pas qu'on ait fait ça.

« 4,810 kilos et 59 cm ! On l'a mesurée trois fois pour être sûres, elle est immense ! » me dit l'une des sages-femmes.

En salle d'accouchement.

Je dis toujours que ça n'est pas la taille qui compte et pourtant... **je suis incroyablement fière de ces mensurations un poil exceptionnelles**. Déjà, je suis d'autant plus fière d'avoir pu accoucher par voie basse – que ce terme est laid – et puis j'aime l'idée qu'elle parte avec une longueur d'avance – c'est le cas de le dire – dans ce monde de brutes.

« Vous avez une petite déchirure, on va la recoudre dès qu'on aura vérifié que tout le placenta a été expulsé. »

Faites mesdames, faites, même pas mal. Je suis sur mon petit nuage. Julien a l'air complètement largué, on le dirait plongé dans la quatrième dimension. Bizarrement, son état de choc me fait réaliser à quel point nos ressentis face à la grossesse étaient différents, et à quel point il ne peut probablement pas en être autrement.

Je n'en reviens pas. Nous sommes une famille !

Tout le monde s'affaire autour de nous, y compris autour de mon intimité, mais cela m'est totalement égal, nous sommes trois dans une bulle. Ma fille a trouvé le sein et commence à téter, Julien et moi nous serrons la main de toutes nos forces en l'admirant à en oublier de cligner des yeux.

Nous sommes donc comme tous les autres : **complètement in love.**

Déchirure ou épisio ?

On sait aujourd'hui qu'une petite déchirure cicatrise plus facilement qu'une épisiotomie, cet acte n'est heureusement plus pratiqué systématiquement.

Faites mesdames, faites, même pas mal. Je suis sur mon petit nuage.

Allô la Terre ?
Ici famille en phase
d'atterrissage...

On masse l'extérieur du pied et hop, il se redresse.

Quelques heures plus tard, de retour dans la chambre.

Détail important : j'ai sur les autres jeunes parents un avantage de taille, qui est aussi, souvent, un handicap conséquent. **J'ai été infirmière puéricultrice** – c'est-à-dire infirmière spécialisée en pédiatrie – pendant plusieurs années, j'ai pris la direction d'une importante crèche associative. Je n'ai pas vraiment dit aux sages-femmes ce que je faisais dans la vie, histoire de me laisser libre de poser des questions stupides tout au long de l'accouchement, et j'ai bien fait car j'en ai eu un certain nombre… Ou plutôt, j'ai eu besoin de poser des questions dont je connaissais déjà la réponse. Ne dit-on pas que les cordonniers sont les plus mal chaussés ?

Un de ses pieds est un tout petit peu tordu, je reconnais le coupable des coups que je prenais dans les côtes droites depuis des semaines ! Un peu d'ostéo ou de kinésithérapie et il n'y paraîtra plus, j'en suis sûre.

Le carrosse de Mademoiselle est avancé.

Me voilà enfin à l'étage avec Elle dans les bras. Au bout du couloir j'aperçois ma famille, j'ai hâte ! Nous passons devant la nursery et… une auxiliaire embarque ma fille ! J'ai juste la sensation qu'on m'arrache ma petite et qu'on me vole la rencontre entre Elle et ma famille. Julien reste avec elle, je crois le lui avoir presque aboyé, je suis devenue une louve féroce en quelques heures.
Le brancardier m'accompagne jusqu'à ma chambre. Je croise mes parents et mes beaux-parents qui me saluent précipitamment avant de partir à la rencontre de leur petite-fille. Allons bon, **la transparence de la jeune accouchée**, j'ai déjà lu ça mille fois sur des blogs, je me la reçois en pleine pomme mais j'encaisse.
Je suis mère, j'ai donc laissé pour de bon ma place de « petite fille », tous les rôles de la famille ont glissé d'une génération et c'est bien normal, il va juste falloir que je m'habitue !

PAROLE DE MUM

« Quand il est né, j'ai tellement paniqué que j'ai quasiment demandé à le placer ! Je pensais que je n'y arriverais jamais ! J'avais juste besoin d'être rassurée, entourée, je ne comprenais rien à ce qui était en train de m'arriver. Au lieu de quoi le personnel m'a soûlée avec les bébés secoués chaque jour, me prenant pour une menace pour mon enfant. Je ne lui aurais jamais fait de mal, j'ai juste fait un gros baby blues ! Je trouve ça fou de n'avoir trouvé aucun conseil, aucun réconfort auprès d'aucun professionnel, heureusement que j'ai eu Internet... » **Fanny**

LE FAMEUX BABY BLUES

Le baby blues est un coup de déprime, aussi intense qu'il est transitoire, ressenti dans les jours qui suivent l'accouchement. Il est lié à la chute brutale des hormones de grossesse et à la prise de conscience de la maternité. Inévitable voire même nécessaire, donc ! Il est primordial d'être très entourée durant cette période, ce qui est malheureusement rarement le cas dans nos sociétés... À ne pas confondre avec une dépression post-partum, qui s'inscrit, elle, dans la durée.

Les examens couramment pratiqués à la naissance

• EXAMEN CLINIQUE

Dès la salle de naissance avec les sages-femmes, puis quelques heures plus tard avec un pédiatre, on effectue un examen clinique complet qui permet de dépister tôt d'éventuelles anomalies.

• DEXTRO

On pique le bébé au bout du doigt ou au talon pour prélever une goutte de sang sur une bandelette et ainsi connaître son taux de glycémie capillaire. Fréquemment pratiqué dans les premières heures de vie pour les bébés hypotrophes (au poids pas assez élevé) et les «gros» bébés.

• BILIRUBINÉMIE

On peut mesurer le taux de bilirubine soit par un prélèvement sanguin, soit en «flashant» les bébés à l'aide d'un appareil spécial, indolore. C'est ainsi que l'on peut dépister un début d'ictère, plus communément appelé jaunisse, que l'on traite en mettant le nourrisson sous des lampes UV.

• TEST DE GUTHRIE

Effectué au troisième jour de vie, il permet de dépister cinq maladies génétiques (la phénylcétonurie, l'hypothyroïdie, l'hyperplasie des surrénales, la drépanocytose et la mucoviscidose). Si tout va bien, on n'entend jamais parler des résultats !

Bébé en super forme

La Bétadine, c'est mon nouveau produit de beauté intime !

Le séjour à la maternité. Dès le lendemain matin, je sens que chaque soignant qui entre dans ma chambre marche sur des œufs. Me voilà donc connue comme la louve blanche...

Je souris intérieurement car je ne suis pas une **chieuse** à proprement parler, mais il y a quelques boutons sur lesquels il vaut mieux ne pas appuyer trop fort... L'équipe de jour est plutôt sympa, même si toutes semblent faire le travail un peu mécaniquement. Je m'apaise. Malgré ma colère et mon envie de sortir contre avis médical, je vais rester le temps qu'il faudra, ne pas prendre de risque pour moi et pour mon bébé. Et puis j'ai vraiment de plus en plus mal.

Le lendemain de mon accouchement, je rencontre Annie, sage-femme, belle métisse pleine de douceur, et ça tombe bien : elle soigne mon intimité à la Bétadine. Elle m'explique pourquoi **j'ai très mal : j'ai une déchirure** sans gravité, mais j'ai aussi un œdème des deux côtés, avec de très gros hématomes. Génial. Je comprends maintenant pourquoi j'avais l'impression de porter trois épaisseurs de serviettes hygiéniques... Elle m'explique que cela mettra plusieurs jours à se résorber, qu'il faut que je sois patiente.

J'essaie de rester zen
malgré la douleur…
et j'y arrive !

Tableau de croissance fille

	Taille	Poids	Périmètre crânien
1 mois	52,4 cm (48-57)	3,8 kg (2,9-4,9)	37 cm (34-39,5)
5 mois	65 cm (60-70)	7,1 kg (5,6-8,6)	43 cm (40-46)
8 mois	68 cm (62,5-73,5)	8 kg (6,3-9,9)	44 cm (41-47)
12 mois	72,5 cm (66-79)	9,3 kg (7,4-11,95)	46 cm (43-49)

	Taille	Poids	Périmètre crânien
14 mois	80,5 cm (74-87)	11,2 kg (8,8-13,8)	47,5 cm (44,5-50,5)
2 ans et demi	89 cm (82-95)	12,6 kg (10,2-15,3)	49 cm (45,5-52)
3 ans	92,7 cm (85-99)	13,6 kg (10,9-16,5)	49,5 cm (46,5-52,5)

Tableau de croissance garçon

	Taille	Poids	Périmètre crânien
1 mois	53,2 cm (49-57)	4 kg (3-5)	37 cm (34-39,5)
5 mois	66,5 cm (61-72)	7,6 kg (6-9,2)	43 cm (40-46)
8 mois	69,5 cm (64-75,5)	8,5 kg (6,7-10,3)	44 cm (41-47)
12 mois	74,5 cm (68-81)	9,8 kg (7,9-11,9)	46 cm (43-49)

	Taille	Poids	Périmètre crânien
14 mois	80,5 cm (74-87)	11,2 kg (8,8-13,8)	47,5 cm (44,5-50,5)
2 ans et demi	90,2 cm (84-97)	13,2 kg (10,8-16)	49 cm (45,5-52)
3 ans	94,2 cm (87-101)	14,2 kg (11,5-17,1)	49,5 cm (46,5-52,5)

Les formalités administratives après l'accouchement

15 JOURS AVANT OU APRÈS LA NAISSANCE

Le père a droit à un congé de 3 jours pour la naissance, qu'il peut prendre dans les 15 jours qui précèdent la date estimée de l'accouchement ou dans les 15 jours qui suivent.

DANS LES 3 JOURS QUI SUIVENT LA NAISSANCE

- Choisir le prénom du bébé, ainsi que son nom (celui du père, celui de la mère ou les deux noms).
- Déclarer la naissance. Le père se rendra à la mairie du lieu de naissance, où sera rédigé l'acte de naissance (dans certaines maternités, un officier d'état civil rend visite aux mamans pour leur simplifier ces démarches). Les pièces à fournir sont les suivantes : un certificat établi par le médecin ou la sage-femme ; l'acte de reconnaissance si celui-ci a été fait avant la naissance ; le livret de famille pour y inscrire l'enfant, si le(s) parent(s) en possède(nt) déjà un (sinon il sera créé à cette occasion).

DANS LE MOIS QUI SUIT LA NAISSANCE

- Informer sa Caisse d'allocations familiales (adressez la photocopie du livret de famille mis à jour ainsi que le formulaire cerfa n° 11361*02, à télécharger sur le site de la CAF).
- Informer sa Caisse d'assurance maladie (adressez la photocopie du livret de famille mis à jour ainsi que le formulaire « Demande de rattachement des enfants à l'un ou aux deux parents assurés » à télécharger sur le site *ameli.fr*).
- Informer sa mutuelle.

DANS LES 4 MOIS QUI SUIVENT LA NAISSANCE

Le père a droit à un congé paternité (11 jours calendaires consécutifs). L'employeur doit être prévenu un mois avant la date de début du congé.

LUNDI SOIR, minuit.

Les jours se suivent et ne se ressemblent pas, je suis très entourée par Julien et par ma famille, je souffre, ma fille est merveilleuse, je commence à avoir des crevasses, je suis tellement heureuse… **mais je vis l'enfer !** C'est le début de mes ambivalences de mère, après celles de la grossesse.

Au quatrième soir, je n'en peux plus.

Au quatrième soir, je n'en peux plus. Quand Julien me quitte, j'ai presque envie de m'ouvrir les veines. Ma fille tète sans cesse et mes douleurs vives aux seins et entre les jambes ne me laissent pas de répit. Vers minuit, je l'appelle, en larmes.

« Viens, j'en peux plus !

– Moi je veux bien, mais tu sais qu'on n'a pas le droit !

– Je m'en fous, **VIENS !** »

Trente minutes après, il est là. Il n'a croisé personne en entrant. Dire qu'on aurait pu faire ça toutes les nuits. Heureusement, nous rentrons chez nous demain, enfin !

Ce qui est interdit à la maternité

Les interdictions varient considérablement en fonction des établissements, allant d'aucune à… toutes !

> INTERDICTION DE DORMIR À LA MATERNITÉ POUR LE PAPA.

> PAS DE VISITE D'ENFANT DE MOINS DE 15 ANS (souvent, heureusement, les frères et sœurs ne sont pas interdits de visite, mais il est vrai que certaines maladies infantiles sont très contagieuses et extrêmement dangereuses pour les nouveau-nés, la varicelle par exemple).

> PAS DE FLEURS ni de plantes.

> INTERDICTION POUR LE PAPA D'ASSISTER À LA CÉSARIENNE de sa douce (pour des raisons d'hygiène, mais des études récentes montreraient que la présence du papa n'aurait pas d'impact sur le taux d'infections nosocomiales : on peut donc espérer que cette interdiction barbare prenne fin dans les années à venir).

> D'AUTRES INTERDICTIONS ponctuelles et/ou locales peuvent intervenir…

Autant bien se renseigner sur ce qui est permis ou pas là où vous allez accoucher, histoire de profiter au mieux de ce qui n'est pas interdit et d'intégrer ce qui l'est, pour ne pas être déçue !

SEMAINE 2

De retour à la maison… (Bon, on fait quoi maintenant ?)

MARDI MATIN, à la maternité.

Ce matin, j'ai le sourire aux lèvres. Ces quatre jours à la maternité m'ont semblé **une éternité**. J'ai toujours mal et je me déplace difficilement, mais je me fais à la douleur et je trouve des façons de me positionner pour l'atténuer.

C'est le jour où je rentre enfin chez moi !

Pour l'attitude glamour, on repassera, mais au point où j'en suis, entre les serviettes hygiéniques épaisses comme des briques et les seins dehors vingt heures sur vingt-quatre, je ne suis plus à ça près. Et, bizarrement, moi qui suis habituellement assez coquette, ça m'est presque égal. Je suis dans un état où mon apparence m'importe peu, je suis trop préoccupée par l'immense tâche qui m'incombe : **être mère…**

Pour une fois, valise bouclée en 5 minutes chrono…

Je deviens une vraie mère poule, mais j'assume !

Je prépare avec joie toutes **les petites affaires de ma fille** que j'ai engrangées depuis des mois pour le jour souvent fantasmé de la sortie de la maternité.

La combinaison pilote, les moufles assorties, l'écharpe. Je trépigne. J'ai hâte d'être chez moi. Julien s'occupe des papiers, j'essaie de me concentrer sur les dernières instructions de la sage-femme mais je ne retiens rien, je l'écoute à peine, à part que je suis privée de bain pendant un mois, ce qui me fend le cœur. Je l'habille, je souris de la voir emmitouflée. Et si elle avait froid quand même ? Ou trop chaud, en fait ? Je l'ai peut-être trop couverte ? Je me sens soudain un peu larguée. **Les bébés, je connais, je travaille avec depuis longtemps, mais j'ai l'impression de repartir de zéro, je ne suis plus sûre de rien, je ne sais plus rien.**

> **CONSEIL DE COPINE**
>
> « Oubliez tout ce que vous vous étiez promis de ne jamais faire avant d'avoir des enfants… Le ridicule ne tue pas ! »
>
> **Marion**

Je la dépose dans le cosy comme si c'était un bâton de TNT. Elle s'est endormie et je ne pourrai pas la prendre dans mes bras pendant le trajet, j'en suis malade d'avance. C'est-à-dire que j'ai quand même… 15 minutes de trajet ! J'ai bien conscience que c'est ridicule, mais c'est plus fort que moi.

5 MINUTES PLUS TARD,
sur le parking de la maternité.

Mes parents sont venus nous chercher **en voiture**. Je me bats 10 minutes avec la ceinture pour fixer le cosy, j'ai peur de ne pas l'avoir bien attaché, mais je n'autorise personne à le faire à ma place. Je ne peux pas m'empêcher de penser qu'on l'a mise sur le siège avant, à cette place qu'on surnomme quand même la place du mort ! Hyperrassurant ! Je ne la quitte pas des yeux, je grogne dès que quelqu'un s'interpose entre elle et moi. Je commence à me demander si je ne vais pas me transformer à la prochaine pleine lune…

Ma fille est sur le siège avant, à cette place qu'on surnomme quand même la place du mort ! Hyperrassurant !

Ma mère conduit, mon père et Julien sont à mes côtés. Je les ignore complètement, je suis agrippée au siège avant, je veux qu'elle me sache tout près, je veux repousser les voitures avec mes mains si elles s'approchent trop. Si je ne connaissais pas l'immense pouvoir des hormones, je crois bien que j'irais me faire interner dans l'hôpital psychiatrique le plus proche. Ma mère doit faire un effort surhumain pour encaisser mes « Attention, il a la priorité ! », « C'est orange, maman, freine ! » ou autre « Tu le colles trop là, ralentis ! ». Au fil du trajet, je réalise que j'ai presque mal aux doigts tant mes ongles sont plantés nerveusement dans l'appuie-tête.

Qu'on se le dise, ma fille est une petite chose fragile.

15 MINUTES PLUS TARD,
sur le parking de notre immeuble.

Je respire, je me détends. Bienvenue dans ce monde cruel, ma fille. Je suppose que mon angoisse n'est pas tant liée à la voiture qu'à ce **monde de brutes**. Tu n'es plus à l'abri sous mes couches de gras, ton airbag naturel s'est dégonflé. Encore un petit déchirement qui m'apprend la juste distance. L'arrivée dans notre parking est un soulagement, je peux la reprendre contre moi. Elle, elle n'a pas cillé depuis la maternité, elle dort profondément. Mes parents nous laissent rentrer tous les trois seuls chez nous, j'en rêve. Après quatre jours à vivre dans une chambre franchement trop fréquentée à mon goût, je n'ai qu'une envie : être seule avec ma… oui, je peux le dire maintenant : **avec ma famille**. Et prendre un bain, mais ça, c'est pour le mois prochain !

ENFIN, nous sommes chez nous !

« Voilà, mon bébé, tu es chez toi, bienvenue ! »

Elle se réveille dans mes bras, quand je la sors du cosy. « Voilà, mon bébé, tu es chez toi, bienvenue ! » Julien la prend et lui fait visiter l'appartement. Elle ne le quitte pas des yeux. Je vais m'asseoir sur le canapé. **Et maintenant, que suis-je censée faire ?** Je n'en ai strictement aucune idée. Je ne sais pas par où commencer. Nous restons tous les trois plantés là pendant un bon quart d'heure, dépourvus de finalité. Et puis nous décidons d'aller nous allonger un peu dans la chambre.

Je me réveille en sursaut. Notre fille dort entre nous deux. Comme « toujours » – peut-on dire « toujours » au bout de quatre jours ? – depuis sa naissance, la première chose que je fais est de regarder si elle **respire**. Je suis une psychopathe de la mort subite du nourrisson*. J'ai presque envie de dire à Julien de ne plus l'embrasser car je sais que les chiffres sont plus élevés dans les familles de fumeurs, mais je me reprends, j'apprends à me détendre. Tout va bien, et tout ira bien. Je regarde ma montre : nous avons dormi trois heures !

*** MORT SUBITE DU NOURRISSON, PSYCHOSE N° 1 DES JEUNES MAMANS**
Respectez les règles de prévention : couchez bébé sur le dos ; ne le couvrez pas trop (exit la couverture de tata Lucie, le pyjama avec ou sans turbulette suffit !) ; consultez en cas de reflux, et ne fumez pas dans la pièce où se trouve bébé.

Enfin un moment de sérénité
à trois... avant la prochaine tempête ?

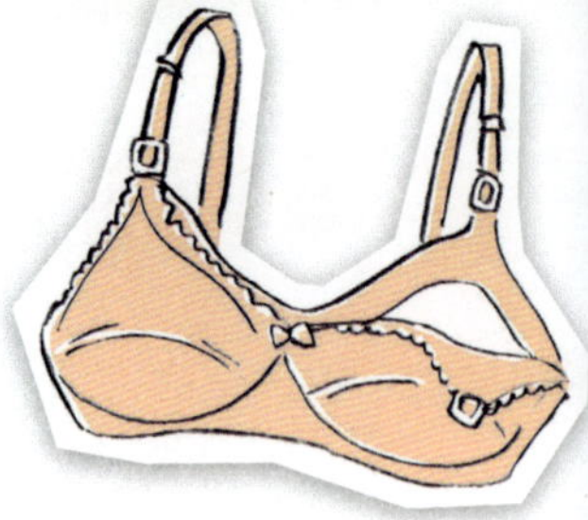

Quelques minutes plus tard !

Zut ! Je me souviens soudain que nous avons rendez-vous avec une **consultante en lactation*** que je connais, j'ai très mal aux seins et je ne compte pas continuer comme ça plus longtemps. Véronique est derrière la porte, elle bouquine en attendant qu'on lui ouvre. Je suis morte de honte, mon téléphone était sur silencieux. Elle garde le sourire. Elle attendait depuis 15 minutes.

« Je me doutais que vous aviez dû vous endormir ! C'est souvent au retour de la maternité ! »

Véronique m'aide à mieux me positionner pendant l'allaitement, en quelques minutes elle cerne le problème et me donne quelques astuces pour que la douleur cesse, ça va déjà beaucoup mieux. Je suis sidérée de voir à quel point mon métier ne m'est d'aucun secours à ma place de mère. Je repense à tous ceux qui me disaient pendant ma grossesse : « Ah mais tu triches ! C'est facile pour toi ! »

Je me demande d'ailleurs si cela peut être facile pour qui que ce soit. J'imagine que non…

*** CONSULTANTE EN LACTATION :** ces professionnelles de l'allaitement exercent soit en indépendantes, soit en maternité ou en PMI. Elles sont malheureusement encore peu nombreuses, mais en cas de problème, n'hésitez pas ! Pour en trouver une près de chez vous, voici deux sites à consulter : *consultants-lactation.org* ou *www.consultantenlactation.com*.

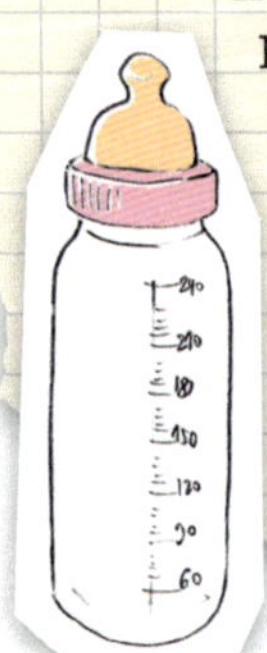

← Pour moi, pas de biberon.

Mes conseils en or sur l'allaitement

- Écouter les conseils qu'on nous donne mais faire le tri, et s'écouter soi, écouter son instinct (tellement facile à dire a posteriori et pourtant tellement vrai !).
- Ne pas hésiter à faire appel à une consultante en lactation certifiée IBCLC. On trouve facilement leurs coordonnées par région ou par ville sur le Web.
- Si l'allaitement est douloureux, même les premiers jours, c'est que quelque chose ne va pas et qu'il faut le corriger au plus vite, et non pas serrer les dents en attendant que ça passe. Le plus souvent, il s'agit d'une mauvaise position au moment de l'allaitement et/ou d'une mauvaise prise en bouche du sein par le bébé.
- Tout cela est facile à corriger dès lors qu'on demande de l'aide.
- Résister autant que possible à l'envie irrépressible de donner des « compléments » au bébé. Sauf dans de très rares indications médicales, c'est non seulement inutile mais en plus néfaste à la mise en place de l'allaitement.
- Oubliez ce qu'on vous a dit : les premiers jours, un bébé peut téter de très nombreuses fois, assez longtemps. C'est fatigant, il faut s'y préparer mais ne surtout pas s'en inquiéter !

OCYTOCINE ET PROLACTINE : LES HORMONES QUI VOUS VEULENT DU BIEN !

L'ocytocine et la prolactine activent la production de lait et provoquent notamment une sensation de bien-être après la tétée.

Dans la journée...

Après le départ de Véronique, Julien défait mes valises, nous fait à manger. Je suis au ralenti. **J'ai perdu tous mes repères.** Je ne peux m'appuyer sur aucun de mes automatismes d'avant. Quand je veux changer la couche de ma fille, il me faut trois minutes pour me souvenir où nous avons installé la table à langer, deux autres pour mettre la main sur le paquet de couches, une de plus pour retrouver les cotons, et ainsi de suite. Assez rapidement, j'installe tout ce dont j'ai besoin autour du lit, et j'y reste le plus possible avec elle.

Julien gère l'intendance comme il peut, **et j'adopte le rythme de ma fille**.

Je suis au ralenti.

Tout le monde dit que la seule façon de récupérer après un accouchement, c'est de dormir dès que le bébé dort. J'ai bien essayé de lutter un peu, en indécrottable hyperactive, mais j'ai trop mal pour rester assise longtemps, et je ne tiens pas debout plus de quelques minutes.

Par la force des choses, je m'endors dès que je sens le souffle apaisé de ma fille endormie près de moi.

Je suis perdue, il me faut un GPS pour retrouver la salle de bains !

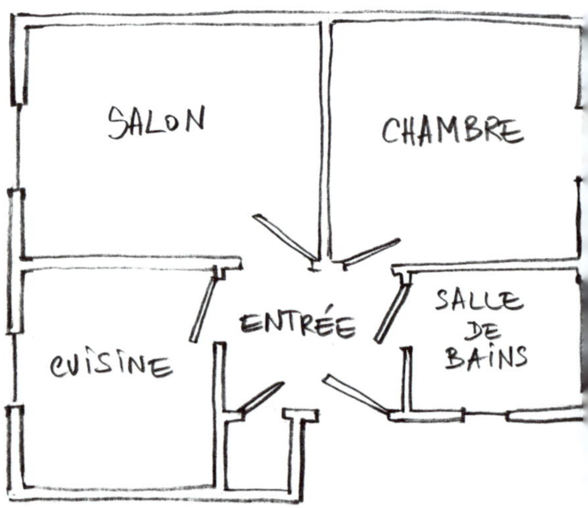

BODY : CACHE-CŒUR OU À ENFILER PAR LA TÊTE ?

On a le choix… Avoir l'impression de le ligoter dans une camisole ou de lui arracher la tête en l'habillant et en le déshabillant ?

Pour les débuts, le mieux est peut-être d'avoir un peu des deux pour tester. La version cache-cœur donne a priori le sentiment qu'il faut un bac + 12 en origami pour s'en sortir, alors que pour le col classique, rien de plus simple en théorie : il suffit de mettre la tête dans le trou… Mais ça, c'est la théorie !

Personnellement, j'ai choisi la version cache-cœur que j'ai trouvée moins contraignante pour ma fille, avec une bonne dose de patience pour que le papa boutonne les bons boutons aux bonnes boutonnières…

Le basique à 3 pressions : pas pratique pour les grosses têtes.

Le cache-cœur à 7 pressions (ou plus !) : spécial parents bricoleurs.

JEUDI MATIN, à la maison.

Aujourd'hui, **une sage-femme** libérale passe à la maison pour me faire des soins en dessous de la ceinture. C'est l'hôpital qui me l'a assignée, alors après un séjour loin d'être idyllique, je redoute un peu son arrivée. Même si les sages-femmes sont plutôt très chouettes dans l'ensemble, on n'est jamais à l'abri d'une sorcière quel que soit le corps de métier…

Cheveux courts, jean, la petite quarantaine simple et décomplexée, **elle m'inspire confiance** dès son arrivée. Tellement que je lui dis vite que je suis infirmière puéricultrice et que j'ai néanmoins une bonne liste de questions idiotes.

« Je comprends, moi aussi quand j'ai eu mes enfants, j'ai eu l'impression de ne plus rien savoir ! Ne vous inquiétez pas, ça va revenir, les premières semaines après l'accouchement, on n'est pas vraiment soi-même. Posez-moi toutes les questions que vous voudrez ! »

BLURP !

On vous a toujours juré que les bébés allaités ne faisaient pas de rot parce qu'ils n'avalent pas d'air, etc. ?

Faux. Au sein comme au biberon, certains rotent, plus ou moins fort, certains régurgitent – bon appétit – et d'autres (beaucoup plus rares, évidemment) rien de tout cela.

À vous d'être attentive : a-t-il besoin d'être un peu tenu à la verticale et de faire un rot après un repas ? Après avoir changé votre tee-shirt quatre fois dans une même journée, nul doute que vous aurez votre réponse !

Je laisse père et fille en tête à tête le temps des soins.
« Je ne suis vraiment pas chochotte à la base, mais là je dois dire que j'ai quand même bien mal…
– C'est normal que vous ayez mal, vous avez un bel hématome de chaque côté. Je vais vous prescrire un traitement homéopathique, ça va vous aider, mais ça va durer encore quelques jours. Mieux vaut vous reposer un maximum. »
L'avantage, quand la seule position dans laquelle on se sent bien est la position allongée, c'est qu'on arrive à se reposer même avec un bébé !

QUESTIONS « IDIOTES » (JE LES AI POSÉES POUR VOUS…)

« Je ne risque pas de la noyer en lui mettant autant de sérum phy dans le nez ? »

« Est-ce que je vais avoir moins de sensations au moment des rapports sexuels ? »

« C'est grave si je ne la lave pas tous les jours ? »

« Vous êtes sûre que j'aurai assez de lait pour nourrir un si gros bébé ? »

« C'est vrai que je vais perdre mes cheveux maintenant ? »

SEMAINE 3

Bienvenue dans la quatrième dimension (ou la vie au rythme d'un nourrisson)

MERCREDI, à une heure indéterminée...

Nous vivons désormais dans une sorte de quatrième dimension. Comme dans **un cocon**. Julien travaille tantôt le jour, tantôt le soir, mais il a pu ralentir son rythme pour rester avec nous le plus possible. Quand je vois à quel point tout bouge, tout change en quelques heures, je me dis que c'est vraiment précieux.

Du matin au soir, on a parfois l'impression de la voir **grandir** à vue d'œil. La première nuit où j'ai dû m'occuper de ma fille sans Julien, maman est venue dormir à la maison. Je ne sais pas pourquoi, j'étais stressée à cette idée, j'avais l'impression que je ne serais pas à la hauteur seule.

En cas de problème, mon joker, c'est ma mère !

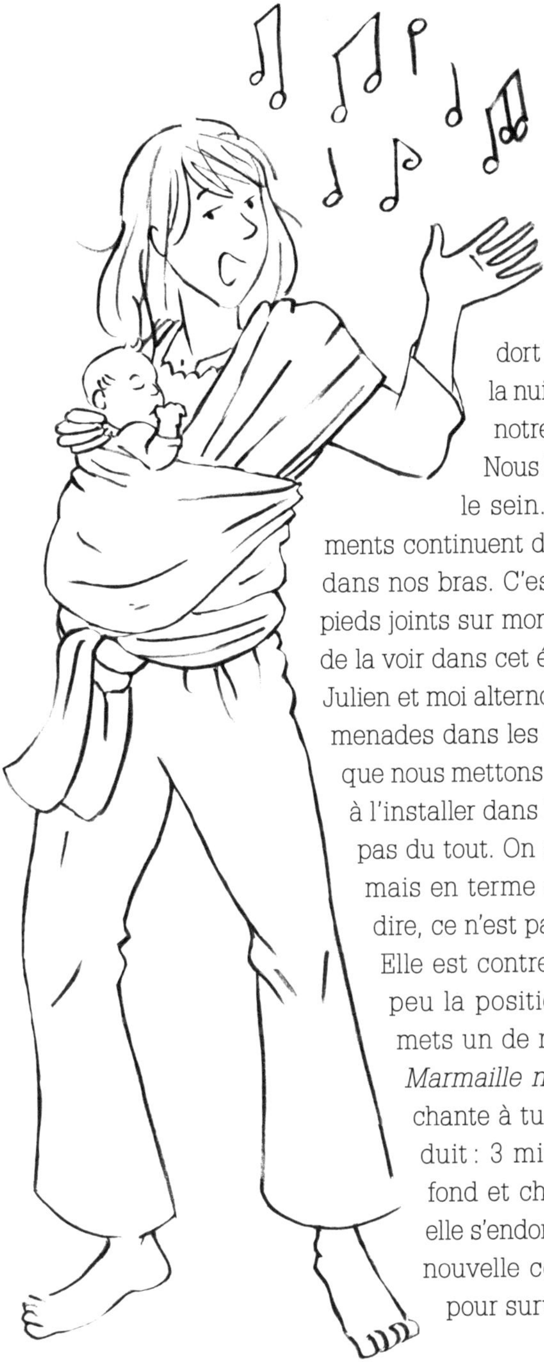

Cette nuit, Julien et moi nous sommes réveillés en pensant être au petit matin… il n'est finalement même pas minuit !

On dirait que notre fille dort bien mieux la journée que la nuit, et ce n'est vraiment pas notre cas. Ce soir, **elle hurle**. Nous la changeons, je lui donne le sein. Rien n'y fait, les hurlements continuent de plus belle, elle se raidit dans nos bras. C'est comme si on sautait à pieds joints sur mon cœur, ça me bouleverse de la voir dans cet état.

Julien et moi alternons les chansons, les promenades dans les bras, dans l'écharpe. Vu que nous mettons encore plus de 5 minutes à l'installer dans l'écharpe, ça ne la calme pas du tout. On s'améliore de jour en jour mais en terme de timing, il faut bien le dire, ce n'est pas encore ça.

Elle est contre moi, nous rectifions un peu la position dans l'écharpe et je mets un de mes albums préférés : *La Marmaille nue*, de Mano Solo. Et je chante à tue-tête. Le miracle se produit : 3 minutes après, musique à fond et chant maternel enflammé, elle s'endort. (Pardon, voisins…) Une nouvelle corde à l'arc de nos trucs pour survivre !

Écharpe
de portage…

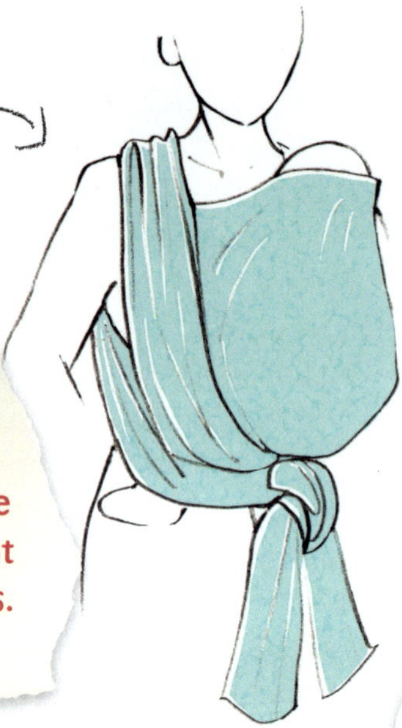

… ou porte-bébé
(physiologique,
c'est mieux) :
l'important, c'est le
confort de chacun
et la sécurité
de bébé.

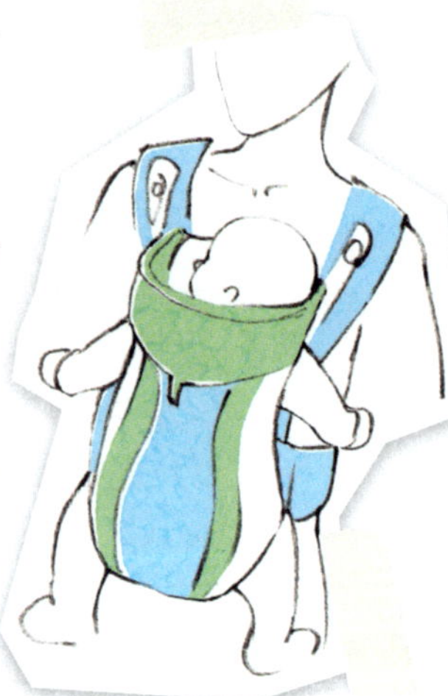

Je me demande
si on a vraiment
l'air de parents.

VENDREDI, en route pour la PMI.

Lorsque nous avons quitté la maternité, on nous a « chaleureusement » recommandé de faire **peser notre bébé** dans les 15 jours, sa prise de poids étant un peu limite à notre sortie – les bébés perdent jusqu'à 10 % de leur poids de naissance dans les premiers jours de vie et le reprennent sous 10 à 12 jours. En même temps, avec 4,810 kg, ce n'est pas comme si elle n'avait pas un peu de réserve, mais nous avons envie de faire tout comme il faut, et nous ne nous faisons pas encore assez confiance en tant que parents pour faire fi de ces recommandations. Nous voyons bien qu'elle est en pleine forme, qu'elle ne rentre déjà plus dans les vêtements des premiers jours, mais nous avons besoin d'en être sûrs.

J'enfile l'écharpe et je glisse dedans mon précieux chargement. Une fois installée, je fais deux pas et elle s'endort. Cette **écharpe de portage** est décidément un très bon investissement !

Me voilà enfin dehors pour la première fois depuis l'accouchement, ça me fait un bien fou. Je suis faible et je le sens, je me cramponne à mon mâle. Il nous tient fort. Cinq minutes à marcher, je respire l'air frais mais je n'ai pas froid, ma petite boule et moi on se tient chaud. Nous arrivons à la porte de la PMI, étrange univers inconnu, même si j'ai eu l'occasion d'y faire un stage lorsque j'étais étudiante… Nous entrons dans une pièce pleine de bébés de tous âges. Je vérifie qu'aucun ne tousse ou n'a la morve au nez, mon instinct de protection est en éveil et mon expérience de directrice de crèche m'empêche d'ignorer à quel point les maladies circulent vite entre les petits. Quand je vois que nettoyer le nez de ma fille au sérum physiologique me fend déjà le cœur, je ne suis pas prête psychologiquement à la voir fiévreuse ou à devoir la forcer à prendre des médicaments au goût immonde…
Tout va bien, pas de morveux à l'horizon. Je me demande quelle dégaine on a avec notre bébé en écharpe, le carnet de santé à la main. Je me demande si on a vraiment l'air de parents. Mais, est-ce que ça a un air particulier, des parents ? On s'assied, les puéricultrices nous ont dit bonjour ce qui est déjà bon signe, on attend qu'elles s'occupent de nous, ce qui ne tarde pas.

PMI : POURQUOI IL FAUT Y ALLER !

- Dans chaque région, les conseils généraux ont mis en place des actions de santé publique : consultations médicales gratuites, lieux d'accueil et d'information. Elles sont regroupées au sein des centres de PMI (protection maternelle et infantile).
- Vous pouvez vous y rendre dès votre grossesse pour y effectuer le suivi, ou après la naissance, pour le suivi de votre enfant – ponctuel ou permanent. C'est souvent dans les PMI que les jeunes parents vont faire peser leur nourrisson.
- Vous y trouverez une mine d'informations pratiques.

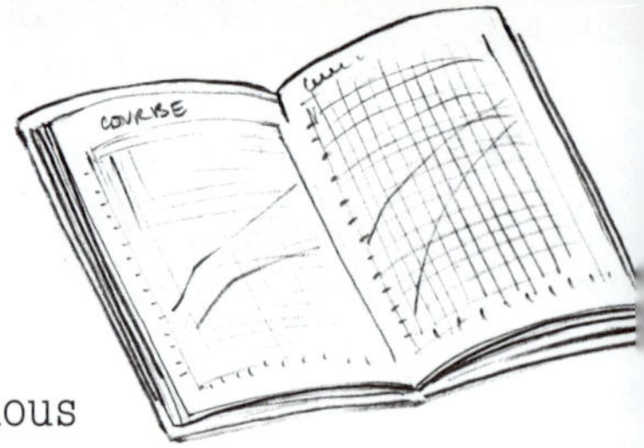

La consultation commence...

« Vous venez pour peser votre bébé?
– Euh, oui! »

Elle prend le **carnet de santé**, nous demande quelques infos. C'est tellement étrange d'être là comme « les parents de... », pour quelqu'un d'autre que Julien ou moi.

« Installez-vous là, vous la déshabillez et vous lui laissez juste le body ».

Juste le body? Avec ou sans la couche?

Je copie discrètement sur la voisine qui rhabille son petit, histoire de ne pas passer pour une idiote. Apparemment, c'est juste le body sans la couche. Risqué. Ça ne loupe pas, notre fille pisse largement sur la table de change. Puis elle hurle quand on la pose sur la balance froide.

« **5,320 kilos,** nous dit la puéricultrice.

C'est bien ça non?

LE CARNET DE SANTÉ, ÇA SERT À QUOI?

Remis à la naissance, ce carnet va constituer la mémoire médicale de votre enfant.

IL Y A QUOI DEDANS?

> Les zones remplies à la naissance à la maternité (poids, taille, périmètre crânien...).

> Les zones à faire compléter au fil des visites chez le médecin: courbe de taille et de poids, carnet de vaccination.

> Les certificats de santé obligatoires du 8e jour, 9e mois et 24e mois à faire remplir et à envoyer dans les enveloppes T jointes.

Bref, c'est votre nouvelle bible!

Ma confiance en moi augmente au rythme de ses pesées...

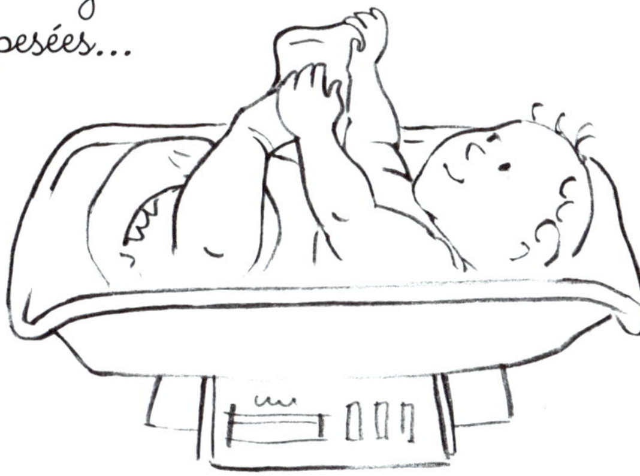

– Attendez...
J'ai dit 5,320 kg ?
– Euh, oui...
– C'est pas possible.
– Ah ? Pourquoi pas ?
– Je vais vérifier... »
Elle revient avec le carnet de santé.
« Elle a pris 800 grammes en deux semaines. Uniquement au sein. Je n'ai jamais vu ça ! »
Je ne crois pas que ce soit si exceptionnel, mais **je suis rassurée** de savoir que tout va bien. On a beau sentir au fond de nous que tout roule, quelques chiffres qui le prouvent nous rassurent pendant cette grande période de doute sur nos capacités parentales encore en rodage…

Sans doute est-il temps de faire confiance à nos intuitions !

« Elle a pris 800 grammes en deux semaines.

UNIQUEMENT AU SEIN.
JE N'AI JAMAIS VU ÇA ! »

SEMAINE 4

Transformation en cours… (Apprendre la parentalité sur le tas)

LUNDI, à la maison.

Nous commençons un peu à prendre nos marques. Les moments du bain, du change ou de l'habillement ressemblent de moins en moins à des **missions périlleuses**, même si tout reste encore un peu laborieux. Surtout pour Julien, il faut bien le dire. Je n'arrive pas à le laisser l'habiller de A à Z car il met des siècles et elle finit par pleurer, ce qui me noue les tripes.

LES PÈRES AU POUVOIR !

Inutile de râler parce que vous faites tout si vous ne laissez pas assez de place au papa ! C'est autant à lui de faire sa place qu'à vous de la lui laisser. Facile à dire, moins à faire, et pourtant essentiel tant pour l'équilibre de votre couple que pour la construction du lien père-enfant. Allez, lâchez prise, vous lui laissez faire quoi, sans le reprendre toutes les 15 secondes, aujourd'hui ?

CONSEIL DE COPINE

« Fais confiance au papa… Même s'il donne le bib d'une drôle de façon, que ton enfant est habillé comme un clochard quand papa le garde, même si à 8 mois ta fille a déjà bu du Yop… Montre-lui plusieurs fois au besoin, mais surtout déstresse… Tu es la maman soit, mais il est le papa, il est doté comme toi (en théorie du moins…) de toutes les qualités et aptitudes pour s'occuper d'un enfant. Fais-lui confiance, même à ses méthodes peu orthodoxes, comme jouer à la console tout en donnant le biberon. » **Gaëlle**

« Tu as peur de la casser en deux quand tu t'occupes d'elle ? »

Je sais bien que je ne devrais pas intervenir, que c'est aussi une façon de le laisser prendre sa place, mais je ne peux vraiment pas m'en empêcher.

Ça ne le choque pas le moins du monde de mettre un collant à pois avec une robe à imprimé vichy, il pourrait pourtant être arrêté par la **fashion police** à de nombreuses reprises. J'ignore aussi par quelle mystérieuse logique il lui met systématiquement les pyjamas à l'envers parce qu'il considère que « les boutons, c'est toujours devant » !

J'ai renoncé assez vite à essayer de lui expliquer comment on ferme un cache-cœur, j'ai l'impression de lui proposer une partie d'échecs avec un champion russe. Et puis je réalise qu'il doit être impressionné par cet être si petit. « Tu as peur de la casser en deux quand tu t'occupes d'elle ? » « Non, c'est pas ça, mais toi tu vas tellement plus vite, c'est mieux pour elle ! » Je le laisse se draper dans le déni, un sourire aux lèvres. Il sait que je sais. Il a peur.

Vous ne trouvez pas que ses pieds sont de véritables œuvres d'art ?

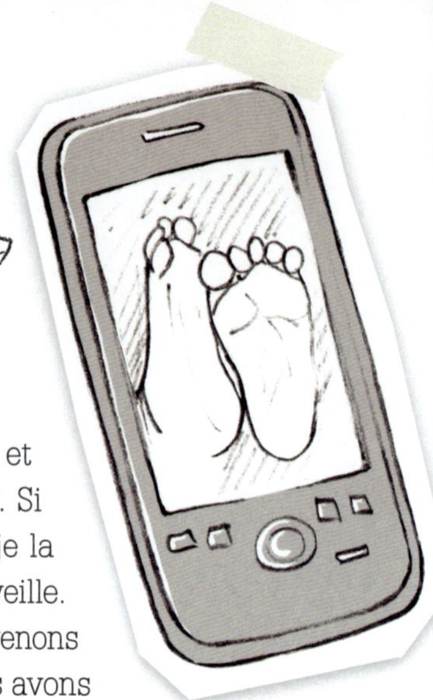

MARDI, complètement in love !

Je ne me lasse pas d'admirer notre fille et ses traits qui s'affinent de jour en jour. Si je l'ai trouvée belle dès la naissance, je la trouve de jour en jour plus belle que la veille. L'amour qui grandit, sans doute ? Nous prenons des photos par dizaines, à la pelle. Nous avons nos **smartphones** tous deux toujours à portée de main, ils ne servent que très rarement pour les appels ou les mails, mais sans cesse comme appareil photo. Nous passons de longues minutes ensuite à nous montrer mutuellement les photos prises, à sourire d'avoir presque les mêmes ou au contraire à s'émerveiller d'en voir de nouvelles. Nous avons complètement fondu. Nous rions beaucoup de nous voir si ridicules et gâteux.

Nous avons complètement fondu. Nous rions beaucoup de nous voir si ridicules et gâteux.

« Huuum ! Tu sens bon mon bébé ! Tu sens tellement bon qu'on a envie de manger tes cheveux en salade ! »

JEUDI, dans notre chambre, après SON bain.

Je regarde attendrie un **bel échange entre mon homme et notre fille**. Elle sourit de plus en plus, et j'aime voir mon mâle viril gazouiller dans les aigus en ouvrant de grands yeux pour lui parler, et la voir le regarder avec autant d'intensité, autant d'amour, aussi, déjà ! Mon Dieu, un rien me bouleverse, je suis devenue une vraie chiffe molle, c'est terrifiant. D'ailleurs Julien se moque souvent de moi sur le thème de la mère poule protectrice. D'abord louve, maintenant poule, je n'aurais pas imaginé que cette histoire de maternité soit aussi animale ! À le voir ainsi avec sa fille, je me dis que c'est vraiment l'hôpital qui se fout de la charité, car en matière de poule, je vois là sous mes yeux un papa qui ne fait pas vraiment le coq. Elle vient de prendre son bain. Il l'embrasse sur les mains, sent ses cheveux et lui dit : « Huuum ! Tu sens bon mon bébé ! Tu sens tellement bon qu'on a envie de manger tes cheveux en salade ! »

J'explose de rire, je ne peux plus m'arrêter. En fait, j'en pleure. Il rit jaune, il rougit, soudain conscient de l'absurdité de la phrase qu'il vient de prononcer.

« Bah quoi ?
– Non mais Julien, "manger tes cheveux en salade", c'était quoi ça ? Tu sors ça d'où ? »
Mon fou rire me fait mal au ventre, je serre de toutes mes forces ce qu'il reste de mon périnée. Julien rit maintenant franchement, sous les yeux interloqués de notre petite qui semble réaliser un peu plus chaque jour de quels étranges parents elle a hérité.
Au moins les choses sont claires entre Julien et moi : inutile de concourir pour le prix du parent le plus fondu de son môme, nous arriverions premiers ex aequo…

LE BAIN

- Quotidien, il donne un repère dans le temps à tout le monde – enfin, si on arrive à le donner à peu près à la même heure, ce qui n'est pas simple au début ! Tous les deux jours, cela suffit amplement tant que les petits ne se roulent pas encore dans la boue !
- Le voir plus comme un instant de détente et de relation que comme le moment où on doit absolument récurer son bébé des pieds à la tête ! Un bébé, c'est propre et ça sent bon naturellement. Enfin… presque !
- Le choix de la baignoire est à faire en fonction des goûts et de la place dont on dispose, il en existe des dizaines de modèles !
- Un moment à partager à trois, pour que celui qui tient le bébé panique un peu moins au début en croyant qu'il va le lâcher et le laisser couler toutes les 30 secondes.

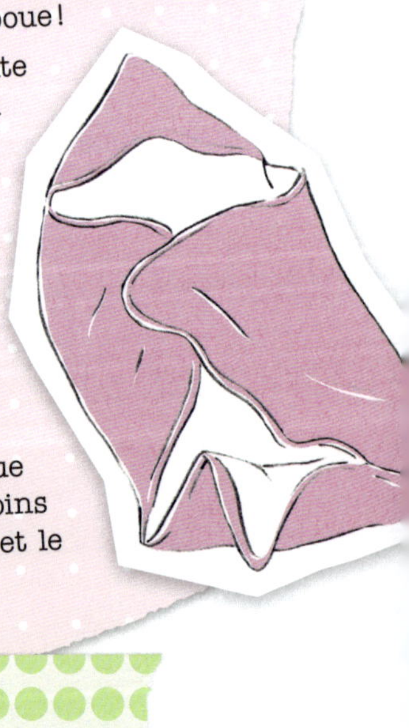

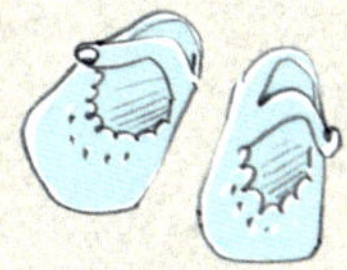

1 MOIS

Le bébé agrippe férocement les doigts qui passent à portée de ses mains. Mais il ne fait pas peur à grand monde : il n'a pas la moindre dent, pèse en moyenne 3,500 kg tout mouillé et a la tête et le tronc mous. Il reconnaît déjà la voix de sa mère, le petit malin, et dort soi-disant 18 à 20 heures par jour (mon œil !). Il émet des vagissements et communique par… des pleurs, évidemment !

1 MOIS EN QUELQUES CHIFFRES…

- > 183 couches
- > 13 dosettes de sérum phy
- > 273 tétées
- > 95 séances de pleurs
- > 28 envies de fugue SEULE très loin
- > 19 excuses en béton pour décliner une invitation pénible

SEMAINE 5

Lui faire déjà croire au père Noël ? Non merci ! (Ou comment plonger dans les festivités à peine remis d'une naissance)

VENDREDI, soir de Noël.

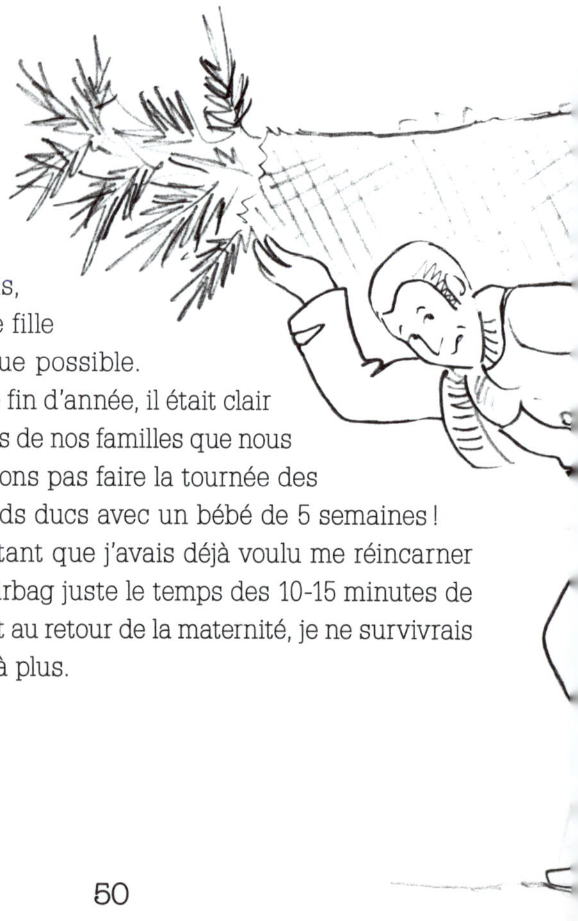

Habituellement, je fais globalement à peu près ce que je veux de mon emploi du temps, fêtes familiales ou pas, mais l'arrivée de notre fille me sert d'alibi dès que possible. Ainsi, pour les fêtes de fin d'année, il était clair auprès de nos familles que nous n'allions pas faire la tournée des grands ducs avec un bébé de 5 semaines ! D'autant que j'avais déjà voulu me réincarner en airbag juste le temps des 10-15 minutes de trajet au retour de la maternité, je ne survivrais pas à plus.

Ce soir, c'est notre premier réveillon à trois.

Nous avons donc décroché le jackpot cette année. Non seulement nous restons confortablement – façon de parler, je commence seulement à pouvoir m'asseoir sans grimacer – chez nous, mais ce sont mes parents et mes beaux-parents qui apportent tout. Sauf le dessert, nous ne sommes pas des sauvages. Et nous avons surtout un très bon pâtissier à deux pas. Ce soir, c'est notre premier **réveillon à trois**, et demain notre famille nous rend visite un festin sous le bras. Ça devrait être comme ça tous les ans ! Enfin, pas s'il faut accoucher tous les ans pour y avoir droit…
Julien et moi ne sommes pas très assidus en termes de coutumes familiales et de fêtes religieuses. Mais depuis deux ou trois ans, nous commençons doucement à **créer nos petits rites**, à célébrer les événements pour le plaisir d'être ensemble, de partager. Julien est allé chercher un sapin aujourd'hui au marché – il était temps, le 24 décembre !

PLUS TARD DANS LA SOIRÉE, notre réveillon à trois.

Depuis 5 semaines, un rien nous émeut parce que ce ne sont que des premières fois pour Elle.

Le bébé en écharpe, nous avons décoré notre sapin du jour avec des boules moches (achetées par erreur l'année dernière !), et nous l'avons trouvé beau. Depuis 5 semaines, un rien nous émeut parce que ce ne sont que des premières fois pour Elle.

Et Noël, ce sont des **souvenirs d'enfance** à l'état brut, du rêve, des cadeaux, de la bonne bouffe. Alors même si elle ne peut pas en profiter pleinement du haut de ses 5 semaines, pour nous, c'est un Noël unique. Julien est allé acheter plein de bonnes choses surgelées toutes prêtes à être jetées dans le four, et nous avons passé une douce soirée à jouer avec les cadeaux que nous avons offerts à notre fille.

Étape suivante : prier pour que les cadeaux des uns et des autres pour Elle ne soient pas des horreurs bruyantes…

SAMEDI, en famille, le jour de Noël.

Ils sont tous là : mes parents et ceux de Julien, les heureux grands-parents comblés. Ils la dévorent des yeux et résistent visiblement à l'envie de la prendre dans leurs bras, ils n'osent pas le demander. Ça tombe bien, j'ai besoin d'un peu de temps pour la leur laisser, je fais celle qui n'a rien remarqué. Après quelques minutes, je la confie enfin à ma mère, et j'ai envie de la lui arracher des bras la seconde d'après. « Oh, mon bébé ! » lui dit-elle.

Dis, maman, tu veux voir ma cicatrice pour te rappeler à qui il est, ce bébé ? Ton bébé, c'est moi, et Elle c'est MON bébé. Pour de vrai, je dis juste : « C'est MON bébé, hein maman, et TA petite-fille ! »

– Ma chérie c'est une façon de parler, ne le prends pas mal c'est ridicule ! »

Évidemment que c'est ridicule. N'empêche, c'est MON bébé…

PAROLE DE MUM

« Les premiers sourires, les premiers pas, les premiers tout, découvrir la fierté suprême, l'amour à l'état brut, animal… »

Amanda

« C'est MON bébé, hein maman, et TA petite-fille ! »

La journée se déroule dans la bonne humeur et **je n'ai pas à lever le petit doigt**. Tant mieux, je n'y comptais pas ! Les cadeaux de notre bébé sont funky, de petites peluches de toutes les couleurs avec des textures différentes à découvrir du bout des doigts, des livres en tissu et des vêtements adorables choisis par Mylène, la plus jeune – et la plus « in » de mes belles-sœurs.
Seul petit bémol, un machin bleu genre ver luisant qui s'allume et fait de la **musique**, il me rend déjà dingue, mais le visage de notre fille s'illumine tellement en le voyant que je fonds et accepte de passer la journée avec des refrains entêtants vissés dans le crâne... J'imagine que ça n'est qu'un début ! Je regarde ma petite dans les bras de sa jeune tante : je suis surprise de voir avec quelle rapidité ma fille râle quand elle n'est pas dans mes bras et à quel point je me sens moi-même vide et perdue quand je ne la tiens pas.
Ce serait ça, une relation fusionnelle, ou c'est juste ça, une relation mère-enfant ?

Et dire qu'un jour elle voudra une batterie pour Noël...

Les cadeaux IN

- Une thalasso maman-bébé
- Un bon pour un soin du visage pour la maman
- Un bon pour des vêtements pour le bébé
- Une jolie couverture pour le bébé (on n'en a jamais assez)
- Un coffret avec un cahier pour tout noter et garder les premiers objets de bébé

Les cadeaux OUT

- Les vêtements moches (mais tout est relatif...)
- Les peluches moches ET encombrantes
- Les jouets sonores, surtout si le volume est fort
- Les jouets dangereux rapportés du bout du monde qui se décomposent dès qu'on les touche
- Les vêtements moches (oui, je préfère le dire deux fois...)

SEMAINE 6

Mon corps, ami ou ennemi? (Et s'il ne redevenait JAMAIS comme avant?)

LUNDI, devant le miroir.

Je suis une femme plutôt **coquette**. Pour avoir travaillé plusieurs années en uniforme, j'ai un fort besoin de mettre ma griffe dans ce que je porte comme vêtements, accessoires ou dans ma coupe de cheveux. En relisant cette phrase, j'ai presque envie de la mettre au passé. Je crois que le plus juste serait de la mettre entre parenthèses, car c'est de cela qu'il s'agit : j'ai mis mes préoccupations « futiles » entre parenthèses. Ou plutôt, je n'ai pas une seule seconde pour y penser, je ne me pose même pas la question, je ne gère que le minimum vital. Je crois bien que je ne prends même pas le temps de regarder mon reflet quand je passe devant une glace. Car en ce moment je ne fais que passer devant, pas m'y arrêter. Et quand je le fais, je ne m'y reconnais pas, après tant de mutations en quelques mois : femme sans enfant, nullipare, femme enceinte et mère, le tout en moins d'un an. **Et 25 kilos de plus.**

Le look Barbie girl, très peu pour moi !

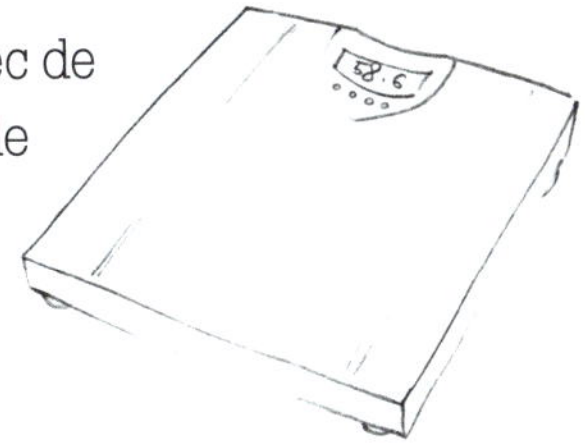

Ce matin au réveil, j'ai trouvé un mail avec de nombreuses photos de Noël. Et bonjour le choc ! Je n'avais pas réalisé que j'étais si cernée, si mal coiffée, si mal habillée. Mais surtout, je n'avais pas réalisé à quel point je m'en fous.

Lorsque j'étais une jeune célibataire, lorsque je suis tombée amoureuse de Julien, j'étais très sportive. Je faisais du vélo, de la danse, de l'aviron, pendant un moment je me levais même à 6 heures trois fois par semaine pour aller courir 1 heure. J'étais belle et je ne le savais pas. Je passais trop de temps à être obsédée par mon apparence pour en jouir, sans mauvais jeu de mots. J'étais belle, mais je n'étais pas heureuse. J'étais en quête d'autre chose. Si je me sens beaucoup moins belle aujourd'hui, je me sens mille fois mieux. J'imagine que cet état de grâce – de grasse ? – ne durera qu'un temps, je suis encore shootée aux hormones, je ressens surtout un grand soulagement d'être sortie de la spirale infernale de l'apparence parfaite, de m'être libérée de cette incroyable pression sociale qui nous dicte de vouloir être toujours plus belle, quitte à passer sur le billard, toujours plus mince, même s'il faut y laisser un os, toujours plus jeune, alors que personne n'a commencé sa vie dans une maison de retraite pour la terminer dans le berceau d'un nouveau-né, que je sache !

Cher corps, je te file rancard pour régler nos comptes et repartir à zéro d'ici quelques mois, ça roule ? En attendant, détends-toi un peu sur les réserves, on n'est pas en temps de guerre, tu ne manqueras de rien, donc inutile de stocker autant dans mes fessiers, merci !

Si je me sens beaucoup moins belle aujourd'hui, je me sens mille fois mieux.

SEMAINE 7

Le retour des neurones ! (La fin du fameux SNU ?)

C'est moi !!!

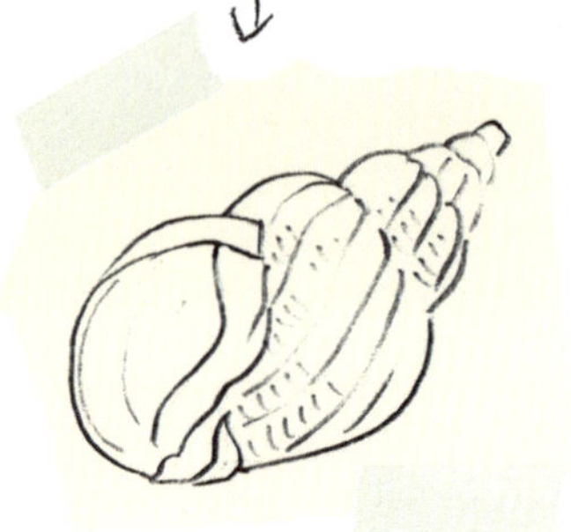

DIMANCHE SOIR, à la maison

Qui n'a pas entendu parler du **fameux SNU** ? Le Syndrome du Neurone Unique. À croire qu'un ovule fécondé a besoin de mobiliser tous les neurones de son hôtesse pour bien adhérer aux parois utérines. De nombreuses femmes enceintes ont soudain le sentiment que leur QI se dissout dans le placenta. Mythe ou réalité, je l'ignore, mais je n'ai pas échappé à la règle. Voilà de nombreux mois que je me sens diminuée intellectuellement, et en plus, je n'ai jamais été aussi **maladroite** de ma vie que pendant la grossesse !

Depuis l'accouchement, ça ne s'arrange pas vraiment… Déconnectée de toute activité culturelle, spirituelle ou intellectuelle de quelque sorte que ce soit – mes seules lectures depuis 7 semaines se résument à des emballages ou à des notices, on ne peut pas dire qu'une date de péremption ou une posologie soient des nourritures intellectuelles spécialement denses –, j'ai l'impression d'être un peu idiote et en marge de la société.

Mais demain, je remets un pied dans le **monde**. Non, je ne reprends pas encore le travail, et fort heureusement : j'ai juste une semaine de formation à suivre. Et je m'y rends car je peux la suivre avec ma fille, ce qui me convient parfaitement.
Je ne suis absolument pas prête à me séparer d'elle 8 à 10 heures par jour, mais je commence à tourner en rond de vivre mes journées en tête à tête avec elle et de ne rien faire d'autre qu'être mère. J'ai toujours aimé faire beaucoup de choses très différentes en même temps, et je ne crois pas que cela changera. J'ai d'ailleurs lu quelque part que les mères en entreprise seraient particulièrement productives car très polyvalentes et habituées à être sur tous les fronts !

Je commence à tourner en rond de vivre mes journées en tête à tête avec elle et de ne rien faire d'autre qu'être mère.

La formation que je suis comporte 6 semaines au total étalées sur un an, celle-ci sera la quatrième. Si j'ai la chance d'y aller avec ma fille, c'est qu'il s'agit d'une formation autour de l'allaitement, pour **devenir consultante en lactation**. C'est vrai que ce serait absurde de me faire tirer mon lait ou de sevrer ma fille pour aller à une telle formation, et puis nous pourrons servir de cas concret elle et moi !
J'angoisse un peu car il y a une heure de route matin et soir, et je ne sais pas si j'aurai la force de tenir toute une semaine malgré nos nuits hachées, mais je tente, et on verra bien !

J'ai l'impression que j'ai un QI de bulot !

MERCREDI, au fond de mon lit...

Aujourd'hui, je m'accorde **une pause** car comme prévu, le rythme est soutenu ! Mais, étrangement, il me semble que c'est plus simple de m'occuper de ma fille à l'extérieur de nos quatre murs. Elle paraît plus apaisée, elle dort plus, et quel bonheur de passer la journée avec ces femmes qui s'occupent de nous ! Je ne peux m'empêcher, ces jours-ci, de penser à toutes ces sociétés où les femmes d'une tribu, d'un village, entourent les jeunes accouchées. Contrairement à ce que je vis au quotidien avec mon homme, je n'ai pas le temps de demander quoi que ce soit qu'on me propose déjà ce dont j'ai besoin : à manger, de l'eau, un petit massage – oui, même un massage ! –, une pause même quand ce n'est pas l'heure, des bras chaleureux pour entourer ma fille pendant que je vais aux toilettes – aller aux toilettes SEULE et plus de 12 secondes, mon nouveau luxe.

Pendant la grossesse, dans les moments de tension avec Julien, je me défoulais auprès de mes copines – lors des dîners mensuels avec ma bande ou sur les réseaux sociaux – en disant qu'il faudrait **des camps de vacances pour femmes enceintes**, où d'autres femmes seraient là pour prendre soin de nous.

Je crois que mon idée serait encore plus judicieuse après la naissance. À la maison, je dois supplier pour avoir une assiette à portée de main et pouvoir manger tout en m'occupant de ma fille. En formation, trois autres mains que la mienne se précipitent pour attraper ma fourchette et la porter à ma bouche tandis que je nourris ma petite. Je veux vivre dans une immense coloc' de femmes !

> Aller aux toilettes SEULE et plus de 12 secondes, mon nouveau luxe.

On m'aide avant
ême que j'aie demandé
uoi que ce soit : c'est
chouette les copines !

SEMAINE 8

Un petit deuxième pour la route ? (Vite, un moyen de contraception !)

MARDI, dans la salle d'attente du gynéco.

Me voilà prête pour le contrôle technique post-partum. Si tout roule, je suppose que j'aurai le feu vert pour commencer la **rééducation périnéale** dans la foulée. Non pas que ça me ravisse d'avoir encore une intervention extérieure de ce côté de mon anatomie, mais je ne me sens parfois pas très hermétique, et j'ai besoin de sentir que le passage est bien refermé. Et je ne compte pas le rouvrir de sitôt.
J'ai entendu beaucoup de copines prêtes à « remettre ça » quelques semaines, voire quelques heures après avoir accouché. Je pense qu'elles se droguent ou qu'elles ont reçu trois fois la dose d'hormones habituellement distribuée pour une naissance !

> **Me voilà prête pour le contrôle technique POST-PARTUM.**

MA MAMA* À MOI

* **La méthode MAMA** (méthode de l'allaitement et de l'aménorrhée) fournit à la mère une contraception efficace jusqu'à 6 mois après l'accouchement si elle pratique l'allaitement exclusif et que toutes les conditions suivantes sont respectées :

- allaitement à la demande – jour et nuit, avec un minimum de 6 tétées par 24 heures et jamais plus de 6 heures entre les tétées ;
- allaitement exclusif : bébé ne reçoit ni solide ni liquide autre que le lait pris directement au sein et n'utilise pas de tétine ;
- l'absence de menstruation ;
- moins de 6 mois se sont écoulés depuis l'accouchement.

L'accessoire du mois ? Mon stérilet !

Pour ma part, ça n'est vraiment pas demain la veille, et la raison principale de ma visite du jour est de demander la pose **d'un stérilet en cuivre**. J'en rêve depuis longtemps : enfin un procédé sans hormones de synthèse auquel on ne pense plus une fois qu'il est en place ! Normalement, je n'ai pas à craindre de deuxième grossesse car je n'ai pas encore eu mon retour de couches – j'ai cru il y a quelques semaines, mais j'ai appris qu'il y avait un premier « faux » retour de couches, juste des saignements 10 à 15 jours après l'accouchement – j'allaite exclusivement et je remplis tous les critères de la MAMA*, mais je ne me verrais tellement pas enchaîner une autre grossesse que je préfère multiplier les protections !

MERCREDI, dans le parking, en mode « mère nomade ».

Avant ma formation de la semaine dernière, sortir avec mon bébé me semblait **insurmontable** : porter le lourd cosy, prendre les milliards de choses dont j'ai besoin pour m'occuper d'elle, ne pas la réveiller, etc. Un des nombreux avantages de cette semaine intensive a été de m'entraîner façon commando.

Tous les jours, j'ai préparé ce qu'il fallait dans l'immense et célébrissime **sac bleu** d'un magasin de meubles suédois, je jetais le sac en question à l'arrière de la voiture, et hop ! Au besoin – et il y a eu souvent besoin la semaine dernière –, je m'arrêtais sur le bord de la route pour la nourrir, la changer, la bercer, et le tour était joué. Malgré la fatigue, bouger et voir du monde m'a fait un bien fou. Je suis bien décidée à sortir souvent avec elle, d'autant plus qu'elle a l'air d'apprécier les nouveaux espaces, les nouvelles ambiances. « Allô, Lise ? Je pars là, on arrive dans 15 minutes ! »

CONSEIL DE COPINE

« Ne perdez pas le contact avec vos proches, même si vous avez l'impression de déranger ou de ne pas avoir grand-chose d'intéressant à raconter. »

Lucile

Malgré la fatigue, bouger et voir du monde m'a fait un bien fou.

*Couches, lingettes, tenue
de rechange, doudou...
je suis parée pour la journée.*

Lise, la marraine de ma fille, c'est ma sœur, **mon amie**, ma confidente. Elle a déjà deux enfants que j'aime beaucoup, et je me sens encore plus proche d'elle depuis que je suis mère à mon tour. Il y a tellement de choses que je comprends mieux depuis ! Aujourd'hui, c'est mercredi, Lise est chez elle avec ses filles.
Je m'améliore en installation de **cosy**, définitivement : ça devient presque une formalité alors que j'avais besoin d'éclairer le petit dessin à chaque fois il y a encore 10 jours ! Si les bébés grandissent vite, les parents aussi…
Nous voilà enfin chez Lise, rayonnante.

CHEZ LISE, quelques minutes plus tard…

Quand je vois comment je suis débraillée avec une seule et à quel point elle a l'air de tout gérer avec deux, je me dis que j'ai hâte que la mienne grandisse, ou qu'il n'y a vraiment pas de justice !

« Je suis super heureuse de te voir et de voir ma filleule aujourd'hui, qu'est-ce qu'elle a grandi déjà, c'est fou !

– Eh oui, ça va vite, mais ce n'est pas à toi que je vais apprendre ça, ma chérie !

– Oui, tu as raison. Et puis… Je vais m'en souvenir très vite, tu sais… Nous allons avoir un troisième enfant. »

Je fonds en larmes.

Avec les hormones encore en vrac, faut vraiment pas me faire des coups comme ça ! Trois enfants Lise est folle ! Mais comment fait-elle ?! Je vais me contenter d'essayer de survivre à la mienne, je demanderai des conseils à Lise si je venais à être assez dingue pour me reproduire à nouveau…

NATALITÉ : UNE SPÉCIALITÉ BIEN FRANÇAISE

Le taux de fécondité en France était de 2,01 en 2012, soit le deuxième en Europe après l'Irlande !

2 MOIS

Désormais, le bébé roucoule, mais il ne faut pas le prendre pour un pigeon ! Il use et abuse du sourire social, en réponse aux babillages débilitants que les adultes ne peuvent s'empêcher d'émettre à sa vue. Il soulève sa tête à 45 degrés – c'est qu'elle est lourde quoi ! – et la tient seulement quelques secondes. Y a encore du chemin…

2 MOIS EN QUELQUES CHIFFRES…

> 167 couches (je ne la change plus dès qu'elle pleure, ça fait tout de suite des économies…)

> 27 dosettes de sérum phy (je n'ai plus peur de la noyer en lui lavant le nez…)

> 221 tétées

> 107 pleurs

> 47 moments de béatitude totale devant la beauté de ma fille

> 72 prières au Dieu sommeil

> 5 caresses sur la joue de mon bébé par de vieilles dames sournoises plus rapides que moi

SEMAINE 9

Des hauts et des bas (alterner entre bonheur intense et envies de suicide)

MARDI MATIN, enfouie sous la couette.

Ne me cherchez pas, je suis aux abonnés absents !

Ce matin, j'ai tout simplement ordonné à Julien de ne pas quitter la maison. **La nuit dernière a été horrible**, à un moment je me suis vue dans *Chucky*, avec un bébé sadique qui faisait semblant de dormir jusqu'à ce que je sombre à mon tour, et qui se mettait à hurler dès que j'étais à la porte du sommeil profond. Une torture. J'ai repensé à la scène d'*Orange mécanique* où le mec est ligoté à un fauteuil, les yeux maintenus ouverts par des crochets métalliques pour le forcer à regarder je ne sais plus quelles images atroces, à ne pas dormir.

Julien a pris la petite, l'a mise dans la poussette et est parti se promener après avoir décommandé ses rendez-vous de la journée. Il était inquiet en partant, il n'est pas habitué à me voir **craquer** et refuser en bloc de m'occuper d'Elle.

« Non, pitié, allez-vous-en, j'ai besoin d'être toute seule ! »

PAROLE DE MUM

« Le premier mois, le manque de sommeil qui engendre des disputes avec le papa, se découvrir maman-qui-crie-et-qui-se-retient-de-taper… c'est dur ! »
Amanda

« Tu ne veux pas que je reste ici et que je m'occupe un peu de toi, plutôt ?
– Non, pitié, allez-vous-en, j'ai besoin d'être toute seule ! »

J'ai **pleuré** pendant vingt bonnes minutes, de soulagement d'avoir enfin un peu de répit, de culpabilité d'en avoir besoin, d'épuisement. Je suis stupéfaite de voir à quel point on tient le coup tous les deux en dormant 4 à 6 heures par nuit depuis des semaines, jamais plus, parfois moins. On est capable de vraies prouesses quand on n'a pas d'autre choix que de repousser ses **limites**. Les miennes semblent être atteintes aujourd'hui, alors qu'hier je les regardais tous les deux avec une immense joie, une grande fierté, avec le sentiment d'être comblée. C'est parfois au sein d'une même journée que je passe ainsi du rire aux larmes, de l'impression de vivre la plus belle chose du monde au sentiment d'avoir fait la pire connerie de ma vie, de ne pas être faite pour ça, de ne pas vouloir de cette vie-là. Même si j'ai assez de force pour ne jamais en arriver là, je vois sous un autre angle les drames affreux qui surviennent – beaucoup trop souvent – à cause de parents qui craquent. On a tellement l'habitude de parler de familles monoparentales maintenant que ça en devient banal. Mais comment font tous les parents seuls avec des tout-petits, ceux qui ne peuvent jamais passer le relais à personne ?

Au fond de mon lit, je décompresse.

Je repense à beaucoup de **parents** que j'ai rencontrés en tant que directrice de crèche, à leur épuisement, à leur culpabilité, **à leur fragilité**. Tout s'éclaire à présent pour moi, je ne suis pas épargnée et, en un sens, j'en suis heureuse. Je me suis toujours insurgée contre ceux qui sous-entendaient qu'on ne pouvait pas être un professionnel de santé complet tant qu'on n'était pas parent, mais je dois bien reconnaître qu'il me manquait certaines expériences pour être dans la juste empathie. Cela dit, à présent que je suis mère à mon tour, il me serait insupportable de travailler dans des services comme la néonatalogie ou la cancérologie pédiatrique, comme avant. Je ne peux déjà plus regarder de films où il arrive quoi que ce soit à des enfants…

Je repense à mes cours sur le sommeil de l'enfant à l'école de puériculture. « Un nouveau-né dort 18 à 20 heures par jour », qu'ils disaient…

LE SACRO-SAINT SOMMEIL DES BÉBÉS

Pendant qu'ils dorment est sécrétée l'hormone de croissance, événements et sensations sont mémorisés, d'où l'importance cruciale du sommeil des petits. Généralement, un bébé dort de 17 à 20 heures par jour jusqu'à 1 mois, mais certains dorment plus et d'autres… moins ! Petit à petit, les rituels d'endormissement se mettent en place, et tous les bébés finissent par dormir… ou presque ! En cas de gros problème, il ne faut pas hésiter à échanger avec d'autres parents, à en parler au pédiatre et à tester des solutions.

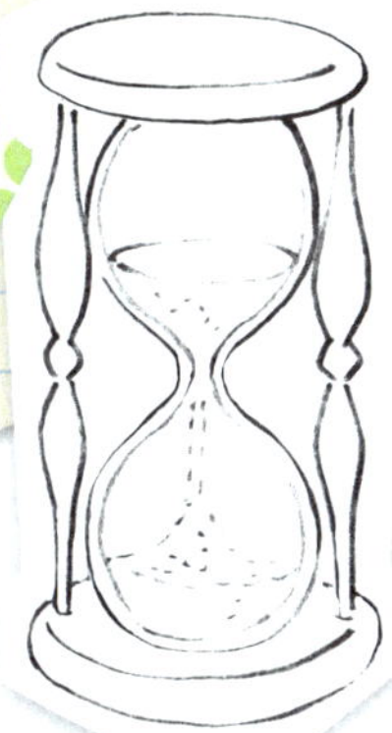

La vérité, c'est plutôt qu'ils dorment une minute sur deux, non ?

La vérité, c'est plutôt qu'ils dorment une minute sur deux, non ?
Je regarde ma montre. Voilà 1 h 30 que je suis au lit à **rêvasser**. Après un petit déjeuner au lit devant la télé, un long passage aux toilettes avec lecture de magazine et un bon bain chaud, je dois bien admettre que je suis victime du syndrome de Stockholm. Je n'ai qu'une hâte : que Julien et ma fille reviennent vite… Mais enfermez-moi !

CONSEIL DE COPINE

« Le petit bébé tout mignon va vite devenir une terreur, il faut profiter ! »
Vanessa

SEMAINE 10

Le retour au travail (non mais sérieusement, seulement 10 semaines après ?)

MARDI, au resto.

Aujourd'hui, pour fêter **ma non-reprise du boulot**, je déjeune avec ma remplaçante !

En 5 ans de direction de crèche, j'ai vu tellement de mamans reprendre le travail 10 semaines après l'accouchement en pleurant toutes les larmes de leur corps, ou tout faire pour y retourner un peu plus tard, que j'avais fait en sorte de pouvoir décider de ce que je voudrais le moment venu. C'est-à-dire que nous avons beaucoup économisé dès que nous avons su que j'étais enceinte, car ce n'est pas avec ce que qu'est rémunéré le congé parental chaque mois – environ 500 euros mensuels – qu'on peut vivre quand on gagne habituellement un salaire un peu confortable.

Ne sachant pas si j'aurais hâte de reprendre le travail ou, au contraire, envie de prolonger un peu, j'avais prévenu ma remplaçante que je lui ferais connaître ma décision après la naissance, mais avec de très grandes chances en faveur des 6 mois de sursis. Elle n'a pas eu longtemps à attendre : une semaine après la naissance, je lui ai envoyé un SMS pour lui dire que je prendrais **6 mois supplémentaires**.

Je ne me sens pas prête à reprendre le boulot...

On dirait qu'il n'y a que deux cas de figure : les *working mums* ou les femmes au foyer.

Imaginer retourner m'occuper des enfants des autres en laissant la mienne m'était tout simplement insupportable, et quand je la regarde aujourd'hui en me disant que c'est LE jour où elle aurait dû être gardée ailleurs, je ne le regrette pas un quart de seconde. J'ai un vrai problème avec la manière dont le **congé maternité** est traité en France.

On dirait qu'il n'y a que deux cas de figure : les *working mums* ou les femmes au foyer. Entre les deux se situent des milliers de femmes et la très grande majorité des jeunes mères. Non, je n'ai pas envie de reprendre le travail alors que je n'ai même pas encore trouvé le temps de faire ma rééducation périnéale, 6 mois de répit m'iront parfaitement, mais je ne souhaite absolument pas non plus arrêter de travailler pendant 3 ou 4 ans ! Je me considère féministe, et pourtant, les féministes sont les premières à s'insurger contre la possibilité de choisir un temps plus long, arguant – peut-être à raison, je l'ignore – que l'embauche des femmes reculerait.

Je suis une grande utopiste…

Je crois malheureusement que le simple fait d'être une femme apparemment en âge de procréer, et donc **la suspicion d'une éventuelle grossesse**, suffit à freiner les employeurs assez rétrogrades pour voir la maternité comme une tare. Quoi qu'il en soit, je ne peux que militer pour le choix qui convient à chaque famille, et l'absence de jugement de la société et des proches sur celui-ci. Oui, je suis une grande utopiste. En ce qui me concerne, ce temps en plus sera parfait pour m'occuper de ma fille mais aussi de moi, prendre le temps de me retrouver, de reprendre un minimum de vie sociale. Et peut-être même écrire des livres, qui sait ?

LE CONGÉ PARENTAL D'ÉDUCATION (CPE)

Pour l'instant, le congé parental est de 6 mois pour le premier enfant, et peut durer jusqu'aux 3 ans de l'enfant dès le second enfant du couple. En bénéficie tout salarié (père comme mère) ayant plus de 1 an d'ancienneté dans l'entreprise – l'employeur ne peut s'y opposer. Il est très mal rémunéré : environ 500 euros par mois.

Il est question depuis longtemps de proposer un congé parental plus court (1 an maximum) qui pourrait être pris par l'un ou l'autre parent, beaucoup mieux rémunéré (un certain pourcentage du salaire du parent qui arrête de travailler).

REPRENDRE LE TRAVAIL OU PAS ?

10 semaines après la naissance, les arguments pour et contre sont à prendre en considération… en fonction de vos priorités.

OUI, je me sens en pleine forme : depuis qu'il (elle) est arrivé(e), Wonder Woman, c'est moi !

OUI, j'ai besoin de mon salaire…

OUI, je peux compter sur mon compagnon pour prendre le relais en cas d'urgence.

OUI, j'ai tout bétonné en terme d'organisation et la nounou est super.

OUI, s'occuper de bébé c'est bien, mais mon boulot, je l'aime aussi !

Working mum ou mère au foyer ?…

NON, je suis en plein syndrome mère poule : je veux le (la) voir grandir !

NON, j'ai envie de continuer à allaiter et c'est plus facile en étant à la maison.

NON, je suis à plat, et personne pour donner un coup de main…

NON, pas à plein-temps : je vais opter pour un temps partiel (j'y ai droit jusqu'aux 3 ans de mon enfant), histoire de garder un certain équilibre.

NON, de toute façon, je veux changer d'orientation professionnelle.

SEMAINE 11

Avant, j'avais un salon design, mais ça c'était avant (c'est pas beau, mais qu'est-ce que c'est pratique !)

DIMANCHE, à la cave.

Nous refermons la porte de la cave sur **notre merveilleuse table ultra-basse noire laquée**. Nous avons mis du temps à nous décider, mais il nous a semblé étrangement déraisonnable de poser le tapis d'éveil dessus alors...

J'avais essayé de trouver des protège-coins pas trop moches, mais mission impossible, tout est laid. Et puis Lise m'a dit que la peinture de la sienne était partie quand elle avait enlevé les protections. Pour couronner le tout, hier, un pote médecin qui est passé prendre l'apéro nous a raconté qu'il avait vu défiler pas mal de tout-petits qui s'étaient blessés sur une table basse dans le style de la nôtre quand il bossait aux urgences, ça a achevé de nous convaincre.

Nous vivons encore dans **un deux pièces** et n'avons pas de chambre pour Elle, alors le moindre centimètre carré que nous pouvons récupérer est précieux. Elle a déjà deux coffres à jouets dans le salon, la commode de notre chambre a disparu sous les couches et le liniment, la salle de bains est envahie par sa baignoire et les nombreuses capes de bain qu'on nous a offertes à sa naissance. Il n'y a guère que les toilettes qu'elle n'ait pas encore colonisées, et la cuisine tant qu'elle est au sein. Autant dire que l'appartement ne ressemble plus vraiment à ce qu'il était quand nous n'étions que deux...

Tous ces trucs qui prennent une place folle sont-ils vraiment nécessaires ?

- **TRANSAT**

OUI ! Mon sauveur ! L'objet que je trimballe partout dans la maison pour y déposer ma fille quand elle n'est pas dans l'écharpe, pour qu'elle m'admire en train de prendre ma douche, par exemple !

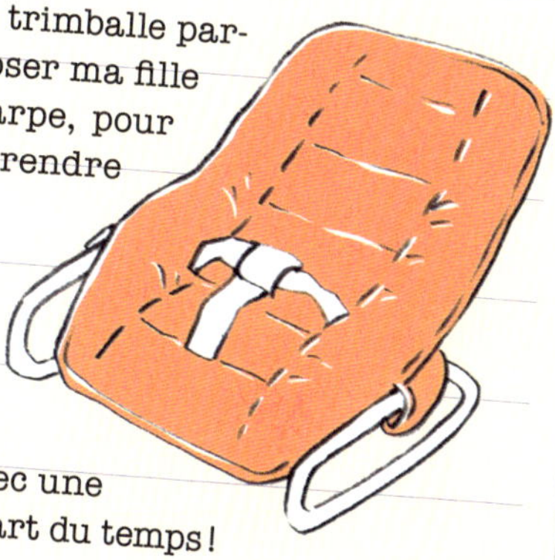

- **TABLE À LANGER**

NON ! On en a pris une très belle qui se pose sur un meuble, mais, en fait, on change notre fille sur le lit ou sur le canapé avec une simple serviette de toilette la plupart du temps !

- **TAPIS D'ÉVEIL**

OUI ! On adore la regarder de longues minutes en train de découvrir ce qui pendouille sous ses yeux, et imaginer comment elle se retournera d'ici quelques mois pour toucher le tapis en lui-même !

- **TROTTEUR**

NON ! Pas de ça chez nous ! Ça fausse l'équilibre des tout-petits et retarde souvent l'acquisition de la marche…

- **PETITE BAIGNOIRE**

OUI ! Nous avons choisi la version « Shantala », une sorte de grand seau où on assied bébé. Mais j'avoue que depuis que je peux à nouveau prendre des bains, la plupart du temps c'est moi qui fais le siège de bain vivant !

JEUDI, dans la salle d'attente du médecin.

L'heure des premiers vaccins a déjà sonné. Je lui ai collé le **patch anesthésiant** sur la cuisse avec le sentiment de la préparer pour un sacrifice inca. En l'écrivant je me rends bien compte que c'est absurde, mais je ne suis déjà pas une modérée à la base, cette histoire de maternité n'arrange vraiment rien… Dans la salle d'attente, **je suis au bord des larmes**, je la serre contre moi en lui parlant. Julien n'en mène pas large non plus, lui et les piqûres ça n'a jamais fait bon ménage. Il suffit que je lui tapote les veines du bras en lui disant : « Huuum, ça me donne envie de te faire une prise de sang… » pour qu'il sorte de la pièce en courant.

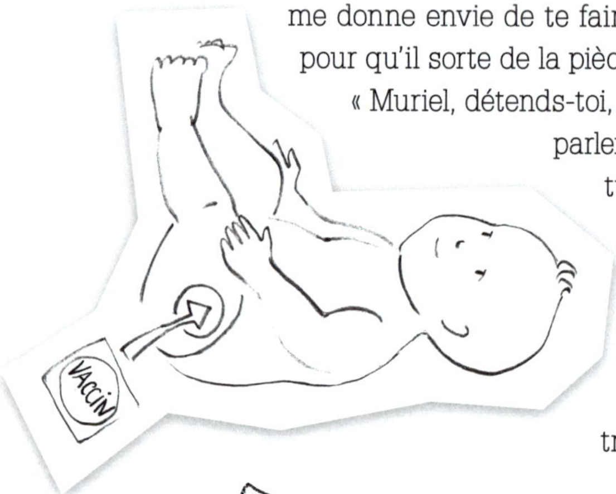

« Muriel, détends-toi, tu vas lui faire peur à lui parler comme ça, on dirait que tu lui fais tes adieux ! » Je ris. C'est drôle comme je suis vraiment mère poule gâteuse, tout en ayant assez de recul pour me voir et me trouver ridicule.

Le patch, ça ME rassure.

Pour bien utiliser le patch, il faut…

- Demander au médecin de bien indiquer l'emplacement où le poser.
- Respecter le délai de pose : en général, c'est 1 heure avant la piqûre.

« Non ma chérie, tu ne vas pas à l'abattoir, tout va bien. »

Nous avons choisi de faire suivre notre fille par celui qui est **notre médecin** depuis 3 ans maintenant. Nous avons une grande confiance en lui, un mail envoyé n'importe quel jour de la semaine avant 8 heures et il est chez nous dans la matinée ! Nous avons vraiment préféré cette relation de confiance et de proximité à un pédiatre aussi *hype* que débordé qui nous donnerait ses ordonnances toutes faites au cours d'une visite de 15 minutes après 2 heures d'attente dans une salle blindée de morveux hurlants et contagieux.

C'est notre tour. Je la déshabille : non ma chérie, tu ne vas pas à **l'abattoir**, tout va bien. Je la pose sur le matelas du médecin avec la désagréable sensation de la trahir : comment pourrais-je lui faire comprendre qu'on lui fait hyper mal pour la protéger ? J'en suis malade. Et puis après, **il y a des chances qu'elle ait de la fièvre**. Elle n'en a encore jamais eu, comment vais-je gérer ça ? Ah oui, c'est vrai que je suis infirmière puéricultrice, quand même. J'oubliais. Le docteur M. la pique en quelques secondes, je la prends dans mes bras et la rassure. Ou plutôt, je ME rassure : elle n'a même pas pleuré !

PAROLE DE MUM

« C'est bon de constater que notre enfant est si beau et en si bonne santé malgré nos maladresses ! »

Vanessa

SEMAINE 12

Chuuut, elle dort ! (Celui qui réveille l'enfant est celui qui s'en occupe !)

LUNDI MATIN, à la maison.

Hier soir, épuisés, nous avons eu une dispute assez corsée avec Julien. Ma fille était dans mes bras, et elle s'est endormie en plein débat sans crier gare. Refuge dans le sommeil ou façon de nous dire : « OK les parents, là je sens bien que j'ai abusé depuis quelque temps, vous êtes à bout, je vais vous laisser récupérer un peu. » Aucune idée. Toujours est-il que pour la première fois depuis très, très, très longtemps, elle s'est endormie tôt – vers 20 heures – et s'est à peine réveillée deux fois 10 minutes, se rendormant aussitôt. Ce matin, je me suis réveillée en sursaut à 6 heures, pour la trouver tranquillement endormie à mes côtés, dans son berceau collé à notre lit.

Produit miracle pour maman épuisée.

J'ai fermé les yeux pour les rouvrir à 8 heures. Cette **nuit complète** – sans devoir se lever pour hurler du Mano Solo en la promenant dans l'écharpe, sans devoir tirer à la courte paille qui, de Julien ou de moi, passerait la prochaine demi-heure à tenter toutes les astuces possibles et imaginables pour endormir la bête – me fait l'effet d'une semaine dans un spa aux Antilles. J'avais oublié ce que c'est de se lever sans avoir la sensation qu'on sera trop épuisé pour mettre un pied devant l'autre, sans avoir l'impression d'avoir une gueule de bois monstrueuse alors qu'on est privé d'alcool depuis des mois, sans avoir envie d'étriper toute personne ou chose qui émet le moindre son…

Et c'est merveilleux ! J'ose à peine en parler tant je redoute que ce bonheur ne soit qu'un îlot de répit dans un océan de nuits pourries, mais je me dis qu'elle a déjà bientôt trois mois – le temps file ! – et que c'est souvent vers cet âge-là que **le cycle jour/nuit** commence à se dessiner. J'espère que c'est le début d'une nouvelle ère, parce que je ne crois pas que je pourrai continuer encore longtemps à ne jamais dormir plus de 3 heures d'affilée… C'est fou ce que le moral est au beau fixe quand on a son compte de sommeil ! Je ne me souviens même plus pourquoi nous nous sommes disputés hier soir…

Les faux bons conseils (qui ne servent à rien) pour faire dormir bébé la nuit

> «Tu n'as qu'à la laisser pleurer?» Je vais plutôt te laisser parler dans le vide...

> «C'est simple! Tu l'empêches de s'endormir à partir de 18 heures, comme ça le soir, tu es sûre qu'elle dorme!» Le supplice du sommeil à 3 mois à peine, mais quelle bonne idée!

> «Tu lui donnes un biberon avec plein de céréales le soir au dernier bib!» Je m'injecte directement du blé et de l'avoine dans les seins tu crois?

> «Tu te mets des boules Quies, comme ça tu ne l'entends pas la nuit si elle se réveille et tout le monde se rendort!» Je vais plutôt faire comme si j'étais sourde là tout de suite...

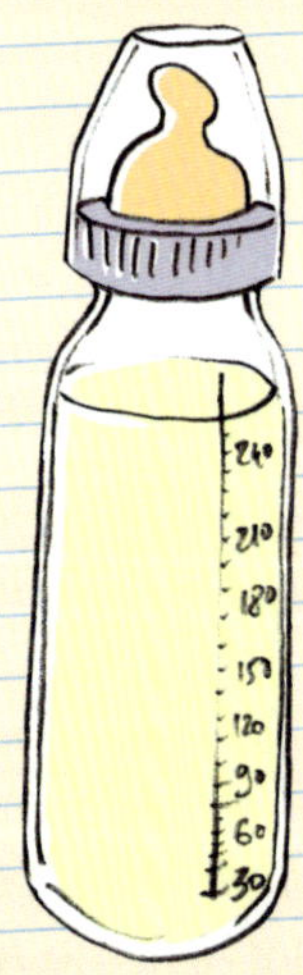

Ou sinon, je vais juste tenir bon encore un peu et la laisser trouver son rythme... à son rythme!

JEUDI MIDI, au restaurant avec Adé.

« Ta fille est A-DO-RABLE !

– Oui, je ne me plains pas, lui réponds-je avec les yeux rivés sur ma fille, regard mi-fier, mi-vengeur – la nuit dernière a été moins bonne que ces derniers jours.

– Tu dois t'éclater ! Alors, raconte !

– Ben tu sais, j'ai pas grand-chose à raconter hein… Elle mange, elle dort (ou pas, d'ailleurs) on change ses couches, on la lave… On joue, on rit, on l'embrasse… Et rebelote ! »

Adé essaie d'avoir un bébé depuis deux ans maintenant, alors je fais tout pour ne pas avoir l'air d'être épuisée ou démoralisée, car je sais qu'elle donnerait cher pour être à ma place.

CONSEIL DE COPINE

« N'essayez surtout pas de faire concurrence à Wonder Woman ! »

Axelle

« Bon, ça n'a pas l'air d'être l'extase, dis donc ! C'est dommage parce que… » Elle se lève, se met de profil et bombe un petit ventre bien rond… « Parce que dans 6 mois, c'est mon tour ! » Je suis bouche bée. Entre elle et Lise, **c'est une véritable épidémie autour de moi !** Je pleure de joie !

« Faut quand même que je te dise, Adé… C'est le Viêt Nam, un peu, cette histoire de maternité…

– Ah bah vu ta mine défaite, si tu m'avais dit le contraire, je ne t'aurais pas crue ! Allez, c'est l'affaire de quelques semaines et tout ira mieux, tu pourras rire quand ce sera à mon tour d'en baver ! »

Merveilleuse Adé.

SEMAINE 13

Faire un peu de tri (enfin, essayer...)

MERCREDI, dans le salon.

Je contemple l'ampleur des dégâts : **le tapis d'éveil** à la place de feue notre table basse design, **le lit de bébé** pliant qui fait office de coffre à jouets géant, **la commode** de notre fille qui vomit les vêtements tant il n'y a plus de place pour rien... Le moment est venu de faire face à une bonne session de rangement et de tri, je ne peux plus reculer.

Avec ses mensurations un peu délirantes, notre bébé déjà bien grand ne rentre quasiment plus dans le 3 mois, il est temps de passer au 6 mois. Durant ma grossesse, j'avais classé les vêtements par type et par âge, bien consciencieusement, mais, depuis, l'eau a coulé sous les ponts et Julien est venu contribuer allègrement au sabordage de mon organisation quasi militaire.

Je commence par vider le **tiroir de vêtements** 3 mois et 1 mois pour donner ceux auxquels je suis moins attachée et conserver les autres à la cave, comme des reliques. Des fois qu'on soit assez fous pour faire un deuxième, et que ce deuxième soit UNE deuxième… Je découvre des trésors enfouis : une petite robe en laine corail, délicieuse, une tunique brodée, un bloomer en velours… que je ne lui ai jamais mis !

Je découvre des trésors enfouis : une petite robe en laine corail, délicieuse, une tunique brodée, un bloomer en velours… que je ne lui ai jamais mis !

Je suis soudain submergée par une vague de **nostalgie**. Presque chaque vêtement me rappelle un jour, une anecdote, la visite d'Untel ou Unetelle à notre fille, sa rencontre avec ceux qu'on aime. Même cet horrible jogging rose en éponge, reçu en double et que j'ai toujours gardé « au cas où je n'ai rien d'autre à lui mettre » – ce qui n'est évidemment jamais arrivé – me touche, car il vient de deux personnes que j'aime beaucoup, originaires du même pays que je ne citerai pas, mais où j'imagine qu'offrir du rose éponge porte bonheur sur sept générations.

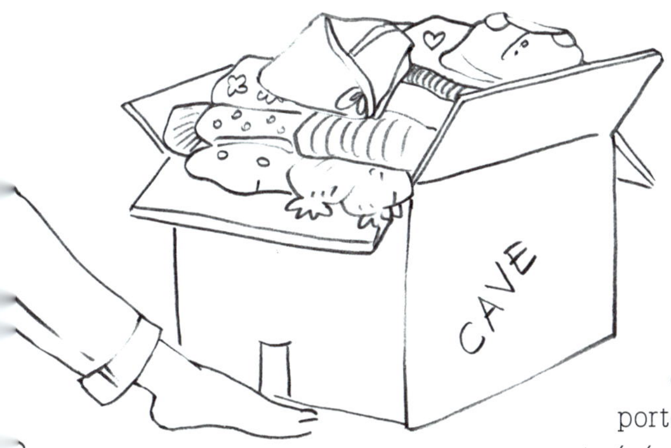

Son pyjama blanc façon kimono : j'adore !

Étonnamment – pardon maman – beaucoup de très jolies choses me sont venues des **amies de ma mère**. J'avais un a priori un peu cliché sur les vieux qui n'aiment que les choses ringardes, je me suis fourré le doigt dans l'œil.

Je tombe sur l'ensemble que Julien lui avait mis **le tout premier jour**, un pyjama blanc en deux parties qui ressemble à un kimono, avec un haut cache-cœur. J'ai envie de l'encadrer, je suis irrécupérable. Julien me trouve assise, le pyjama dans les mains. Il regarde les deux cartons à mes pieds, l'un rempli à ras bord, l'autre avec trois fringues.

« Waouh, c'est cool, tu vas en donner des trucs !

– Euh non… Ça c'est le carton qui va à la cave… Trop de souvenirs. »

Il s'assied à côté de moi, et repasse avec moi l'histoire de notre fille lue dans les fils de ses tenues…

3 MOIS

Attention, changements en perspective !

Maintenant, il gazouille, vocalise et pousse de petits cris de plaisir. Fini l'âge ingrat ? Pas encore tout à fait, ne nous mentons pas… L'enfant peut passer de longues minutes de béatitude totale, perdu dans la contemplation de ce merveilleux outil accroché au bout de son bras : la MAIN. Profitez, une paire de mains ne suffira bientôt plus à l'occuper !

3 MOIS EN QUELQUES CHIFFRES…

> 123 couches

> 37 dosettes de sérum phy (la rhino, c'est moche)

> 183 tétées

> 92 pleurs (ouf, ça dure moins longtemps à présent !)

> 58 élans d'amour incontrôlables pour ce merveilleux bébé

> 53 envies de double homicide (crime passionnel + infanticide)

> 3 évitements de mains de vieilles sur la joue de mon bébé (nette amélioration) et deux caresses volées

SEMAINE 14

3 mois, déjà ! (Quelqu'un peut relâcher le bouton avance rapide, please ?)

3 MOIS, déjà…

Le temps passe à une **vitesse incroyable**, et en même temps j'ai déjà oublié comment c'était, la vie sans Elle. Elle sourit de plus en plus, gazouille, plonge son regard dans le nôtre, cherche sans cesse notre contact. Elle passe un temps fou à se rogner les doigts, à croquer des draps. Les premières dents la travaillent déjà, et Sophie la girafe nous sauve la vie. Je réalise qu'il y a un an, presque jour pour jour, je tombais enceinte.

Quelle année intense, que de **bouleversements** en quelques mois ! Que de kilos pris, d'émotions, de larmes versées, de fous rires, de disputes et, surtout, d'amour. J'avais imaginé l'amour maternel comme un truc instantané, entier, et c'est autre chose que je vis : ça ne cesse de grandir.

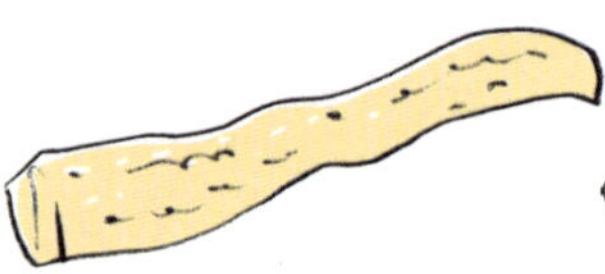

Girafe, anneau de dentition, racine de guimauve : ma trousse de secours spéciale premières dents.

Entre Julien et moi, c'est exponentiel...

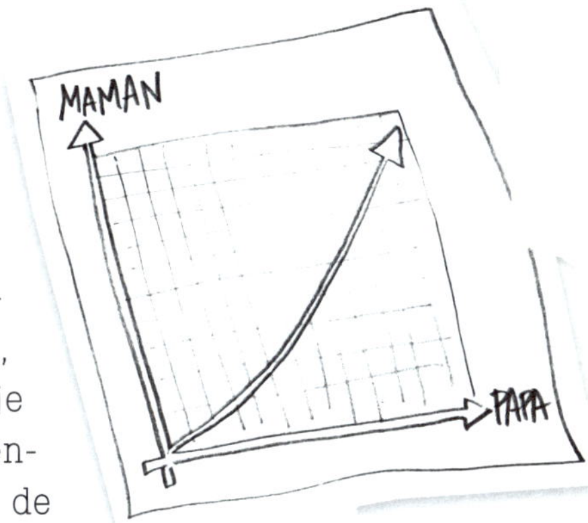

Quand je repense au nouveau-né que j'ai eu dans les bras, que j'ai reconnu mais que je connaissais si peu, j'ai le sentiment d'un début d'histoire, de prémices de **sentiments**. Ça me semblait déjà incroyablement fort à l'époque, mais après 3 mois de vie commune, mes sentiments pour elle ont pris tellement d'ampleur qu'il me semble que ce n'était pas grand-chose à côté de ce que je ressens aujourd'hui. Ça fait presque peur.

> **Le voir s'occuper de notre fille et voir à quel point il l'aime lui aussi me bouleverse.**

Parfois je redoute soudain de la perdre, que tout s'arrête. Cette pensée fulgurante suffit à me couper le souffle. Si nous avons encore du mal à retrouver notre entente, Julien et moi, il y a aussi **beaucoup d'amour en plus** : le regarder s'occuper de notre fille et voir à quel point il l'aime lui aussi me bouleverse. Mais qu'est-ce que ce sera dans un an si ça ne fait qu'augmenter ?!

CONSEIL DE COPINE

« Ne pas oublier qu'on est tout autant un couple qu'une "équipe parentale" ! »
Delphine

SEMAINE 15

Le temps de l'étanchéité retrouvée (occupe-toi de ton périnée !)

MARDI, dans la salle d'attente de la sage-femme.

Il y a quelque temps, j'ai enfin réussi à décrocher mon téléphone pour prendre rendez-vous avec une sage-femme qu'on m'a recommandée afin de débuter la merveilleuse aventure de la **rééducation périnéale**... Forcément, avec des taux de fécondité comme ceux de la France ces dernières années, j'ai dû patienter un peu avant que ce soit mon tour : deux mois se sont écoulés entre mon coup de fil et la première séance, mais on m'avait dit tellement de bien de cette sage-femme que je n'ai pas eu envie d'aller voir ailleurs. Et j'ai pris ce qu'elle avait à me donner, surtout en termes d'horaires. Et le moins que l'on puisse dire, c'est qu'il ne restait pas le meilleur...

Pour cette première séance, elle m'a donné rendez-vous à 9 heures ! Me préparer, préparer ma fille et faire les 15 minutes de marche nécessaires pour être à l'heure ont ressemblé à un marathon, mais j'ai réussi à être là avec à peine 5 minutes de retard, dégoulinante de sueur.

Réapprendre à être à l'heure... pas simple.

POUR EN FINIR AVEC LES FUITES

L'efficacité de cette rééducation étant d'environ 80 %, il ne faut pas hésiter à consulter !

Plusieurs méthodes sont possibles selon les praticiens (sages-femmes ou kinésithérapeutes) : manuelle, sonde, ou les deux combinées.

Comme toujours lorsque je m'apprête à rencontrer quelqu'un devant qui je vais devoir enlever ma culotte, j'ai un peu le trac.

Peut-être qu'en plus de la rééducation en elle-même, je vais amorcer **la perte des kilos** de grossesse, celle qui était censée commencer vitesse grand V grâce à l'allaitement et que j'attends toujours ? On peut rêver !

Comme toujours lorsque je m'apprête à rencontrer quelqu'un devant qui je vais devoir enlever ma culotte, j'ai un peu **le trac** : je n'ôte pas ma culotte devant n'importe qui, même si j'ai sacrément revu ma pudeur à la baisse depuis l'accouchement…

Elle ouvre la porte, la patiente précédente sort avec le sourire, me voilà déjà un peu rassurée. Elle l'accompagne à la porte et l'aide, la pauvre/la chanceuse (barrer la mention inutile) a des jumeaux. Mais comment fait-elle pour survivre ? Et elle était là à quelle heure pour sortir maintenant ? 8 h 30 ? Chapeau bas, franchement !

« On y va ? » me dit la sage-femme.

Ma première séance de rééducation périnéale.

Elle est douce, souriante, détendue. Je respire un peu. « Asseyez-vous. Alors, racontez-moi tout ! Elle a quel âge votre petite ? Pas trop difficile ? »

Je réalise qu'on ne me demande pas souvent si ce n'est « pas trop difficile », et même s'il y a beaucoup de bonheurs et de très bons moments, je trouve en effet que ça n'est pas tous les jours facile, loin de là, et que les gens n'ont pas envie de l'entendre dire. Je discute longuement avec elle, je me sens à l'aise. Elle est sympa, attentive, **drôle**. Elle prend soin de moi, de nous, fait en sorte que je sois bien installée et que ma fille puisse me voir d'où elle est. En fait, ça fait bien longtemps que personne ne m'a autant **bichonnée**, et ce que je redoutais être un calvaire s'annonce plutôt comme une parenthèse enchantée… Bon, j'exagère peut-être un peu. Elle m'explique comment va se dérouler la séance, moitié rééducation manuelle, moitié avec la sonde. Je n'avais pas imaginé que ça puisse être ludique, mais en fait, je m'éclate. Avec la sonde, les contractions de mon périnée dessinent des courbes sur l'écran et je dois les faire monter jusqu'à un certain niveau, moi qui suis une vraie « gameuse », **mon rêve se réalise : jouer à un jeu vidéo avec mon vagin…**

Mon vagin est un château fort, je ferme le pont-levis, puis les grilles sur les côtés.

Côté manuel, c'est assez différent puisqu'il s'agit de **visualiser des images mentales**. Mon vagin est **un château fort**, je ferme le pont-levis, puis les grilles sur les côtés. Ou une grotte dont je cherche à rapprocher les bords. Je me sers de ces images pour contracter telle ou telle zone du périnée sur les doigts de Nathalie, qui vérifie ainsi si je contracte le bon endroit à la bonne intensité. Ça démystifie enfin tout ce que j'avais entendu à propos de ces séances qui me semblaient assez dingues. Ma fille sourit en me regardant, c'est une des rares fois où elle me laisse un peu souffler, d'habitude elle râle au bout de 10 minutes si j'ai commis le crime de lèse-majesté de la poser loin de mes bras. Je suis soulagée d'avoir enfin commencé, je me sens béante depuis l'accouchement et j'ai une sensation de pesanteur sur cette partie de mon anatomie dès que je marche plus de 10 minutes, j'ai hâte de consolider la herse de mon précieux château fort !

SEMAINE 16

Être une feeeeeemme ! (Retrouver sa vie de couple)

LUNDI, tous au lit à 21 heures.

Il est 21 h 02 et je suis la seule personne de cette famille qui ne dorme pas encore. Pas pour longtemps, j'ai envie de dire.

La rééducation périnéale est intense, souvent tôt le matin, et puisqu'elle me force à être sur le pont (pont-levis ?) tôt le matin, j'en profite pour vadrouiller toute la journée ensuite. Je me sens déjà mieux après seulement trois séances, il commence à faire moins froid, je me suis mis en tête de **marcher** au moins une heure par jour pour attaquer mon gras. Ça a au moins le mérite de m'épargner les insomnies, et il me semble que la petite dort aussi beaucoup mieux.

Son père aussi, d'ailleurs, est épuisé. Il travaille beaucoup en ce moment, souvent le soir, et quand il est là, je lui colle volontiers sa fille dans les pattes histoire de souffler un peu. Mais nous deux, dans tout ça… C'est un peu difficile de **se retrouver**. J'avoue le voir plus en ce moment comme mon coparent, celui avec qui je partage la parentalité de ma fille, que comme mon amant, amoureux, confident.

Moi en Geisha ?
C'était dans une autre vie
je crois...

Il est celui à qui je peux la laisser quelques heures sans culpabiliser, sans m'inquiéter pour elle, et dans les rares moments de répit que je m'offre, j'ai besoin de solitude. Tout le monde nous dit que nous devrions penser à nous, **partir un week-end** juste tous les deux, sortir le soir en amoureux.

Mais voilà : nous n'en avons envie ni l'un ni l'autre pour l'instant.

En dehors de mes moments de surmenage maternel et de mes envies de ne voir personne, nous avons besoin de partager des moments **tous les trois**, de rire ensemble, que l'un de nous deux joue avec notre fille pendant que l'autre prend des photos et vice versa.

Peut-être que c'est une façon de feindre d'ignorer que ça ne va pas très bien entre nous, mais je ne crois pas : nous n'avons aucun mal à nous dire ouvertement que ce n'est pas facile, que nous ne sommes pas sur la même longueur d'onde en ce moment. Je lui ai fait beaucoup de reproches, mais, en fait, je réalise que je l'ai sans doute beaucoup exclu de ce que je pensais, ce que je ressentais ces dernières semaines.

Occupée à materner ma fille, j'ai perdu de vue tout le reste, moi et mon couple compris. Mais je commence à sentir renaître tout doucement le besoin d'être **femme**, un être à part entière, pas une créature dévouée à un nourrisson exigeant.

J'ai hâte de montrer à Julien tous les nouveaux trucs que je sais faire avec mon périnée… En attendant, je vais juste dormir.

CONSEIL DE COPINE

« Communiquez encore plus au sein du couple, dès qu'il y a quelque chose même un petit rien, il faut en parler ! C'est personnellement ce qui m'a sauvée de la dépression à plusieurs reprises. »

Ophélie

Occupée à materner ma fille, j'ai perdu de vue tout le reste, moi et mon couple compris.

SEMAINE 17

La guerre des mères (en croisade sur le Net)

JEUDI, devant mon smartphone, en terrasse avec Marion pour un déj.

« Ça va pas, Mumu ? »

Je viens de soupirer profondément. J'ai profité d'un saut de Marion aux toilettes pour faire une de mes multiples tournées de réseaux sociaux du jour. J'ai tenu **un blog** assidûment pendant ma grossesse, et mon emploi du temps ayant été bouleversé par la merveilleuse créature qui m'a faite mère, j'ai dû espacer drastiquement mes écrits. En revanche, je garde des contacts serrés avec toute une communauté de jeunes mamans via **Twitter** et **Facebook** essentiellement. Certaines sont devenues des amies, d'autres d'amicales relations que j'ai plaisir à croiser régulièrement, certaines m'indiffèrent et d'autres sont, à mes yeux, de vraies garces. La vraie vie, donc, mais en mode virtuel.

« Si si, t'inquiète, ça va, c'est juste qu'elles sont encore en train de s'étriper autour de l'allaitement sur quelques blogs et les réseaux. Ça me désole. »

Marion sourit. Si je suis en train de devenir consultante en lactation, l'allaitement n'a pas été son truc pour ses deux enfants, et ça n'a évidemment jamais été un problème entre nous. « Ben attends, moi, je me rends compte que j'ai vachement de chance que tu me parles encore ! »

Je ris. S'il y a bien une chose que j'ai gardée de mon expérience de soignante auprès des familles, des parents, des enfants, c'est de **m'abstenir de juger**. « Je suis sidérée de voir à quel point certaines ont besoin de se réfugier dans tel ou tel camp, celui des bonnes mères, celui des femmes émancipées, celui des épouses expertes ou je ne sais quoi encore. Peu importe que je partage ou pas leur vision, c'est leur façon de guerroyer sans cesse les unes contre les autres que je trouve triste. En fait, je sens beaucoup de manque de confiance en elles et de souffrance dans tous les "camps", et je me dis que c'est bien dommage de ne pas utiliser cette énergie à se soutenir ! »

« Allez, tchin Mumu, moi j'veux bien trinquer avec toi même si tu ne bois plus que de la grenadine ! »

Cela dit, c'est le revers de la médaille, car depuis que je suis enceinte, je ne compte pas les fois où je me suis retrouvée dans une grande détresse, le jour comme la nuit, et il y a toujours eu quelqu'un pour me dire un mot, relativiser, me faire rire. Les nuits sans sommeil, les pleurs de ma fille qui ne s'arrêtaient pas, son nez bouché, une dispute avec Julien.

Après des semaines à ne pas dormir, le corps et l'esprit à l'envers, même pour la professionnelle de la petite enfance que je suis, les petits maux du quotidien se transforment souvent en **petits drames**, surtout la nuit. Et quand on a un gros réseau de mères, même en pleine nuit, il y a toujours quelqu'un en face qui cherche aussi à prendre un peu de recul sur son insomnie, la première varicelle ou une poussée dentaire. C'est sans doute pour ça que ça me fait mal de les voir se voler dans les plumes pour des querelles de chapelle. La maternité n'adoucit pas toujours les mœurs…

Les réseaux, c'est le top, mais rien ne remplace ses vrais potes.

La maternité n'adoucit pas toujours les mœurs…

4 MOIS

C'est le début des problèmes… Enfin, de **NOUVEAUX** problèmes : il attrape désormais les objets et les porte à la bouche. RIP les télécommandes, portables et autres appareils électroniques morts noyés dans la bave… Et en plus, ça le fait rire aux éclats, le bougre !
Il roule désormais sur le côté : c'est l'âge classique du premier tour aux urgences suite à une roulade surprise du canapé ou du lit des parents.

4 MOIS EN QUELQUES CHIFFRES…

> 137 couches (merci la gastro…)

> 38 dosettes de sérum phy (la rhino, ça dure !)

> 172 tétées (mais plus longues, la gourmande)

> 72 pleurs (on tient le bon bout !)

> 45 fous rires à trois

> 33 rêves de thalasso

> 13 « Oui, je la "nourris" toujours. » Pourquoi, à un moment, il faut la laisser mourir de faim normalement ?

SEMAINE 18

Au secours, elle a 38 °C (appelez le SAMU !)

DANS LA NUIT DE MARDI À MERCREDI.

Évidemment, il a fallu que ça tombe un soir où Julien est en **déplacement**. Depuis le début de la soirée, je la trouvais grincheuse, pénible, pas bien. Je ne sais pas pourquoi j'ai cette terrible boule au ventre quand elle semble un peu moins bien. J'ai envie d'appeler les pompiers pour la sortir de l'écharpe et le SAMU dès qu'elle a 37,8 °C.

Je panique **pour un rien**, ça ne me ressemble pourtant pas, mais être mère m'a transformée en chiffe molle de compétition. Il paraît que c'est normal, que ça fait ça à tout le monde, qu'on a tout le temps peur pour ses enfants, d'une façon ou d'une autre. Je veux bien le croire, mais j'ai quand même hâte de sortir de cette période où ma fille me semble si fragile, et où elle ne peut pas dire avec des mots ce qui ne va pas. Les pleurs, c'est pratique comme signal de détresse, ça a le mérite de me faire bondir bien plus que n'importe quelle alarme, mais ça met mes nerfs à rude épreuve !

CONSEIL DE COPINE

« Ton bébé a de la fièvre : déstresse ! Non tu n'as pas besoin d'appeler le SAMU, les pompiers, et l'armée pour déclencher un plan ORSEC. Rappelle-toi que la fièvre est une réaction normale du corps pour botter les microbes en touche. Alors on inspire, on ne hurle pas sur le papa qui refuse de te conduire sur-le-champ aux urgences, on reste rationnelle... »

Gaëlle

EN CAS DE FIÈVRE, IL FAUT…

> Découvrir l'enfant.

> Poser un gant humide sur son front ou au pli de l'aisne.

> Lui proposer à boire régulièrement.

> Aérer la pièce.

> Donner un anti-pyrétique (paracétamol ou ibuprofène après 6 mois) en respectant les doses fixées en fonction de son poids.

> On peut également lui donner un bain 2 °C en dessous de sa température corporelle, mais on ne propose plus systématiquement cette technique qui est désagréable pour les bébés.

> En cas de fièvre très élevée, on craint habituellement les convulsions, mais elles restent rares et concernent généralement des bébés dont les familles sont sujettes à l'épilepsie. En cas de convulsions, on appelle le SAMU ou les pompiers, pour poser rapidement un diagnostic.

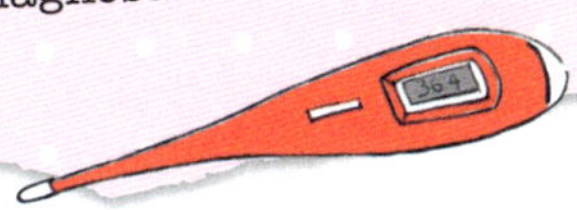

Ma fille est brûlante et j'ignore pourquoi.

Je dois avouer qu'il m'est arrivé à plusieurs reprises d'avoir envie de lui hurler dessus quand je n'arrivais pas à la réconforter malgré tous mes efforts, ce que je n'avais jamais vécu avant. Ce soir, il n'est pas question de ça. Ma fille est brûlante et j'ignore pourquoi. Heureusement pour moi, ce soir, **les gestes techniques** viennent à ma rescousse, comme des automatismes. La découvrir, lui poser un lange humide sur la tête. La fièvre ne cesse de monter, je vais lui mettre son premier suppositoire de paracétamol. Je vérifie dix fois l'emballage, le dosage, le nom du médicament, la date de péremption. C'est comme si je n'avais jamais vu un suppo de ma vie ! Allez hop, j'y vais. Elle ne pleure même pas. La fièvre baisse, dans les minutes qui suivent, elle s'apaise et s'endort. Pour moi, ce sera une nuit blanche à la surveiller sans relâche. Faites des gosses, qu'ils disaient…

SEMAINE 19

L'hormone rend aveugle… (Un saut dans le passé)

SAMEDI, chez mes beaux-parents.

Nous sommes allés déjeuner chez les parents de Julien. Ils se sont inquiétés du petit virus de la semaine dernière et avaient envie de voir leur petite fille en pleine forme de leurs propres yeux, je crois ! Nous avons beaucoup ri quand je leur ai raconté l'épisode de **l'angoisse nocturne** liée à la fièvre, qui est quand même le comble pour une infirmière puéricultrice expérimentée. Si quelqu'un me comprend, c'est ma belle-mère : aujourd'hui à la retraite, elle a été auxiliaire de puériculture en crèche pendant plus de trente ans. Alors ce que je vis là, elle se rappelle très bien l'avoir traversé. Nous avons prévu un petit *« revival »* des premiers jours de vie de notre fille, une séance de visionnage des photos. Nous avons apporté notre disque dur pour mettre en commun nos photos avec celles de mes beaux-parents, et nous voilà partis pour un **diaporama**.

Elle = boudinée,
moi = laide.
On peut retoucher
l'image, please ?

Premier choc : oh my God **que j'étais laide !** Durant toute la grossesse, j'ai eu un visage d'ado prépubère, avec des boutons dont je n'ai jamais réussi à me débarrasser. D'ailleurs, mon gynéco m'avait dit : « Pour soigner vos boutons, il n'y a qu'une seule chose à faire : accoucher. »

À la maternité donc, ils n'avaient pas fini de cicatriser. Les photos mettent aisément en valeur le second menton qui est venu se greffer au premier durant la grossesse. Forcément, quand on prend 25 kilos, il y en a pour tout le monde.

Pour finir, l'absence de coupe de cheveux et les cernes jusqu'au menton – le deuxième – parachèvent un tableau bien sombre de ma dégaine postaccouchement. « Muriel, tu avais juste l'air d'être un peu fatiguée, c'est normal après un accouchement ! » Merci la famille, je vous suis reconnaissante de me mentir effrontément.

Deuxième choc : ma superbe fille était **boudinée de partout**, avec un visage un peu œdématié, tirant vers le violet… Je réalise à quel point elle est cent fois plus belle aujourd'hui ! J'en déduis que les hormones de grossesse et celles libérées au moment de l'accouchement ont un rôle prépondérant sur la vue et/ou le jugement.

Et si on retouchait discrètement les photos, non ? Non. Après tout, comme ça, elle ne pourra pas le nier quand je lui dirai que j'en ai bavé pour la mettre au monde…

SEMAINE 20

J'ai (dé)testé pour vous : les couches lavables (de la théorie à la pratique, il n'y a qu'un gouffre)

MARDI, devant la machine à laver.

Écolo dans l'âme, j'avais songé depuis longtemps à tenter les couches lavables. Aujourd'hui, je teste celles qu'on m'a envoyées jeudi dernier. J'aime recevoir des trucs, je le vis toujours comme un cadeau, même quand c'est un paquet d'inserts en coton. Ça change des colis remplis de produits de beauté ou de fringues que je m'offrais avant !

Première surprise, il faut **laver l'ensemble** six ou sept fois avant de les utiliser, pour que les tissus soient le plus absorbants possible. Bien. J'ai passé deux jours à laver tout ce qui me tombait sous la main pour avoir un prétexte de lancer une machine et faire les six cycles le plus vite possible. Une fois séchées après le sixième lavage, j'ai assemblé consciencieusement toutes les pièces des deux couches et j'ai mis la première à ma fille. Un peu bizarre de la voir avec une couche en tissu quand on est habitué aux jetables, mais c'est plutôt joli, ça change.

La couche lavable ? Au secours !!!

Premier change. Tout va bien, rien n'a fui, elle n'a pas les fesses abîmées. Juste une petite odeur pas très agréable, mais rien de dramatique. Je change la partie jetable – il y a une sorte de feuille fine au contact direct des fesses du bébé qu'on jette tandis que le reste se réutilise – et je remets en place l'autre couche.

Mais c'est au deuxième change que les choses se corsent : cette fois, la couche ne contient pas que de l'urine.

Deuxième change. Les choses se corsent : cette fois, la couche ne contient pas que de l'urine. Et là, l'odeur est vraiment…

« Julieeeeen ! Tu viens m'aider s'il te plaît ?

– Waouh, ça pue ! C'est mon bébé qui pue comme ça ?

– Oui enfin, non, c'est sa couche là. Ça a débordé partout, c'est l'enfer ! »

Je ne sais pas si j'avais mal mis le feuillet intérieur, ou s'il a été noyé par la masse, toujours est-il qu'il y en a partout et que l'odeur, oh mon Dieu, l'odeur ! Julien s'occupe de la couche, je remets une jetable à ma fille.

« Mais j'en fais quoi ? Je la mets au sale comme ça ?

– Bah non, Julien, faut la gratter et la rincer un peu avant !

– Non, mais tu plaisantes j'espère ? »

Je ris. Il s'exécute, frotte et lutte contre des haut-le-cœur pendant 5 minutes, les larmes aux yeux de dégoût, mais mort de rire. L'odeur ne passe pas, j'en pleure de rire avec lui, et c'est en lançant la machine en urgence que nous nous disons : les couches lavables, on est POUR en théorie et CONTRE en pratique !

SEMAINE 21

Elle n'a pas trop chaud, là ? (Mais pourquoi elle ne parle pas encore ?)

MERCREDI, en arrivant chez mes parents pour déjeuner.

Une petite phrase apparemment anodine peut gravement nuire à la santé de la jeune mère.

« Elle n'a pas trop chaud, là ? me demande ma mère.

– Ben non elle n'a pas trop chaud ! Enfin, je ne crois pas... Si ? Tu crois ? »

Je repense au mois qui a suivi sa naissance, et au casse-tête de chaque sortie : est-ce qu'il fait froid, très froid, moyennement froid ? Est-ce que je lui mets un gros manteau et un petit pull en dessous ? Ou un gros pull et un manteau simple ? Je lui mets des collants sous son pantalon ? Cinq mois après, si j'ai beaucoup plus d'**automatismes** et moins de questionnements existentiels, j'ai encore des flashs de doute. Quelle attention de dingue il faut avoir pour se mettre à la place d'un autre être humain et savoir à sa place s'il va bien. J'exagère, bien sûr, elle envoie des signaux quand quelque chose ne va pas, mais je mets quiconque au défi de différencier le pleur de « j'ai trop chaud » du pleur de « prends-moi dans tes bras, je me sens si seule ». Tout est dans la nuance. Et moi, les nuances, c'est pas mon truc tous les jours. Vivement qu'elle parle !

5 MOIS

Deux incisives inférieures sont venues donner un air canaille définitivement irrésistible à ce bébé qui n'a de cesse de grandir. Et de grossir : il a désormais doublé son poids de naissance ! Un peu narcissique sur les bords, vous pourrez facilement le surprendre en train de sourire à son image dans le miroir...

5 MOIS EN QUELQUES CHIFFRES...

- > **128** couches
- > **15** dosettes de sérum phy (on se détend un peu, inutile de l'arroser autant finalement !)
- > **168** tétées
- > **58** pleurs
- > **128** envies de vacances au soleil
- > **ZÉRO** envie de retourner travailler (sauf pendant les pleurs...)
- > **7** « Oh, ben va falloir perdre ces kilos de grossesse maintenant Muriel ! »

SEMAINE 22

Reprendre forme humaine (mais qui est cette personne dans mon miroir ?)

VENDREDI, chez la coiffeuse.

Ça m'a pris d'un coup, hier. Après avoir vu une photo de ma fille et moi qui m'a évoqué un remake de *la Belle et la Bête,* sous le choc, je suis allée vérifier dans le miroir…

J'ai regardé longuement toutes ces preuves flagrantes de **l'oubli de mon sex-appeal potentiel** : les sourcils mal épilés, les racines apparentes, la frange pas coupée depuis si longtemps qu'elle se fond dans la masse du reste de la chevelure, les cernes jusqu'aux genoux, l'absence de coupe, la peau en piteux état. J'ai soudain eu en tête une phrase que je dis souvent : il n'y a pas de femmes moches, il n'y a que des femmes qui se négligent ! **Électrochoc.** Moi qui ai toujours péché plus par excès de coquetterie que par négligence, me voilà tombée dans le piège à pieds joints : **je suis un thon**.

Il est grand temps de reprendre ma place de femme, d'être humain à part entière. Je décroche le téléphone. « Allô Sylvie ? C'est Mumu ! Non, je ne suis pas morte… J'ai besoin de ton talent vite, très vite. Demain ? C'est parfait ! C'est une question de vie ou de mort, là... » Oui, je suis comme ça, j'aime exagérer. « Juliiiiien ! Demain, à 14 heures, tu gères ta fille, j'ai rendez-vous chez la coiffeuse. »

Miroir, mon beau (?) miroir…

Coupe, brushing… Me voilà redevenue moi-même.

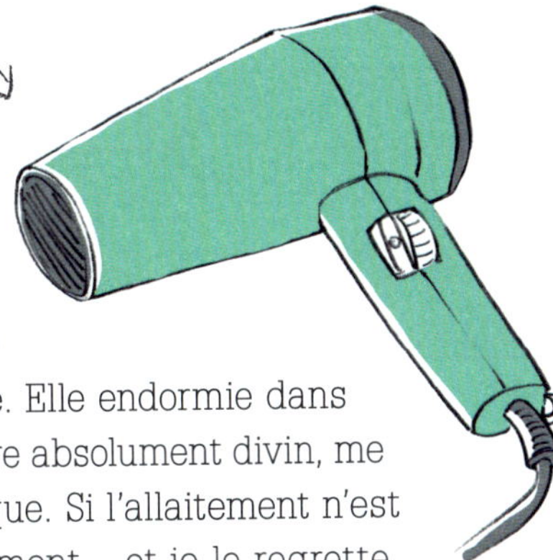

SAMEDI, la tête dans le bac.

Finalement, c'est **avec ma fille** que je suis arrivée chez ma coiffeuse attitrée. Elle endormie dans mes bras pendant un massage capillaire absolument divin, me voilà redevenue d'humeur plus pacifique. Si l'allaitement n'est pas toujours une chose aisée, notamment – et je le regrette amèrement – du fait qu'on ne puisse pas dévisser ses seins pour que le papa allaite, il a un avantage indéniable : celui de servir de soporifique portatif.

Ma fille, en plus de faire littéralement fondre toutes les clientes du salon, est d'un **calme olympien**. À croire qu'elle réalise à quel point il est temps que sa mère souffle un peu. Ou qu'elle veuille me faire passer pour une mythomane quand je raconte que j'en bave… Un dernier coup de sèche-cheveux et me voilà prête. Je me retrouve. Je me reconnais. Si je suis bien plus volumineuse qu'avant, j'ai retrouvé mon identité, ce qui me caractérise, l'enveloppe qui me convient. L'image que je vois là ressemble à celle que j'ai de moi, et c'est un soulagement incroyable que les deux se juxtaposent enfin à nouveau !

CONSEIL DE COPINE

« Prends du temps pour souffler, pour te retrouver. »
Amanda

SEMAINE 23

Rendez-vous ce soir, code rouge (enfin un peu de sexe dans ce journal !)

MERCREDI, dans notre chambre.

Après les suites de couches douloureuses, les journées qui semblent être passées de 24 à 6 heures, les réveils nocturnes intempestifs de notre fille et l'épuisement, le moins que l'on puisse dire, c'est qu'on vient de traverser **un grand désert sexuel**, aride, parsemé de quelques trop rares oasis…

Mais ce soir, on s'est dit stop. « On se retrouve à 22 heures, sur le canapé, et je m'occupe de ton cas. » Ma phrase glissée à son oreille le fait rire et allume la petite lumière que j'aime tant voir dans ses yeux… Il me répond : « Je débarrasse la table, tu la couches, et… J'ai hâte ! » Tandis que je couche la petite, je me dis que je ne l'ai jamais entendu mettre le lave-vaisselle en route aussi vite… Moi aussi, j'ai hâte, voilà plusieurs jours que j'ai envie d'être dans ses bras, d'être avec lui. Envie de lui.

Dans ma joie par anticipation, j'en oublie une règle élémentaire pourtant déjà maintes fois expérimentée : le temps d'endormissement d'un bébé est proportionnel à la hâte qu'on a de s'en débarrasser…

Le sexe attendra bien un jour de plus, au point où on en est?

Après une **tétée interminable** – il va falloir me perfuser pour me réhydrater –, la voilà qui tourne et se retourne dans le lit, chouine, cherche mon contact pour s'endormir. Il paraît qu'il y a des modèles qu'on pose dans leur lit et qui s'endorment illico… Je lui caresse les cheveux pour l'endormir, un œil rivé sur la pendule. J'entends les pas de Julien, il pousse doucement la porte : « Elle ne dort toujours pas ? »

22 h 15. Voilà déjà près d'une heure que je l'endors, me lève, dois revenir au bout de trois pas car elle se réveille.

Enfin, la voie est libre ! Il est 22 h 45, mon désir a été sacrément mis à l'épreuve… Avant de le rejoindre, je passe par la salle de bain, le temps d'un coup de blush sur mes joues. Le cœur battant, j'entre dans le salon : **Ça va être chaud !**

Ou pas. Julien s'est endormi devant la télé, bouche ouverte, son verre de vin à la main. Je m'assieds à ses côtés, lui enlève le verre des mains. Il ne bouge pas d'un iota. Je pourrais le réveiller (j'en faisais souvent, avant, des réveils crapuleux). Mais, pour être franche, je suis épuisée, et l'instant n'est plus vraiment magique. Après ces journées à être hypersollicitée en permanence, j'ai besoin de calme, de solitude, de paix. Le sexe attendra bien un jour de plus, au point où on en est… Je m'endors à mon tour devant un épisode de *Desperate Housewives.*

Mais quelques instants plus tard, je suis la bienheureuse victime d'un réveil crapuleux dans les règles de l'art… Et c'est bon !

SEMAINE 24

Une poussette de compét ! (Au prix d'une voiture de course…)

SAMEDI, en vadrouille en famille.

Mais c'est bien une poussette de primipare !

Le cadeau de naissance de mes parents à notre fille, c'est sa poussette. Une poussette dont nous sommes tombés amoureux au premier regard, Julien et moi, le vrai coup de foudre. Très haute, design, couleur qui flashe, tout pour nous plaire ! Évidemment, **elle coûte un bras**, comme toutes les poussettes. Peut-être même deux bras. Élise était là le jour où nous l'avons reçue à la maison et où nous nous sommes jetés sur le carton comme des gamins pour la déballer. C'étaient deux semaines avant l'accouchement. Quand elle l'a vue, elle a dit :

« Ah, c'est celle-là ! Elle est très belle. Mais c'est bien une poussette de primipare !

– C'est quoi une poussette de primipare, espèce de multipare !

– Trop lourde, trop difficile à plier. Dans 6 mois maxi, je parie que vous achetez une poussette-canne, comme tout le monde ! C'est bien plus pratique, plus léger !

Semaine **24**

Customiser la poussette, mon nouveau plaisir !

CONSEIL DE COPINE

« Sauf si vous avez un break, mesurez la largeur de votre coffre avant tout achat : elle doit être au moins égale à la longueur de la poussette une fois pliée. »
Bénédicte

– Une poussette-canne ? Non mais jamais de la vie Élise, c'est trop moche ! Je refuse de me traîner avec une poussette-canne ! Et regarde celle-là comme elle est haute ! Pour nous qui sommes grands, c'est idéal. Et puis comme ça, elle ne sera pas le nez dans la pollution ! Et puis… »

Julien et moi lui avons fait la promo de la poussette de nos rêves pendant encore dix minutes. Élise a dû penser qu'on avait acheté des actions de la marque… Quelques mois après, nous n'en démordons pas. Julien la pilote comme si c'était une **voiture de collection**, et je ne me lasse pas d'admirer sa couleur prune. Je l'aime presque comme un animal de compagnie. Je sais, je suis irrécupérable.

Dès que je tombe sur de nouveaux accessoires imaginés par la marque, j'ai envie de la customiser, de la redécorer. Mais je me retiens. Le congé parental c'est bien, mais on ne peut pas dire qu'on roule sur l'or. En tout cas, notre fille roule en poussette **de luxe**, et ça, ce n'est pas près de changer !

SEMAINE 25

Prendre une revanche ! (Transformer en or les mauvais souvenirs…)

VENDREDI, dans la salle de bains.

Je ne jette rien. Ça me rend malade. Je n'aime ni gâcher ni polluer. C'est ainsi qu'au retour de la maternité, je n'ai pas pu me résoudre à jeter les « garnitures » stockées là-bas, ces énormes serviettes hygiéniques, épaisses comme un Big Mac et rectangulaires, vertes de surcroît, qu'on nous dépose à foison dans la chambre. Au début, j'ai fait ma mijaurée, et puis j'ai cessé de minauder et elles ont trouvé leur place tout contre ma douloureuse intimité. Depuis des semaines, les rescapées de la lutte dorment sur une étagère. Incapable de les jeter sans qu'elles aient servi, j'ai enfin eu l'inspiration pour passer à l'action.

Ma commode en bois laqué !

Après des semaines dans un **capharnaüm indescriptible**, il était temps de réagir. C'est ainsi que j'ai pu lustrer consciencieusement le bois de ma commode avec de la cire d'abeille et… une garniture. C'est idiot, mais ça m'a fait un bien fou !

J'ai frotté tous les meubles jusqu'à épuisement du stock de steaks de coton, puis je les ai jetés à la poubelle avec rage, et je me suis sentie infiniment soulagée. Une page se tourne !

PAROLE DE MUM

« Dors quand il dort, ne perds pas des points de vie à vite faire le ménage pendant sa sieste ! »

Amanda

6 MOIS

Désormais, ce bébé lève la tête pour épier avidement tout ce qui se passe autour de lui. Il roule du dos au ventre et du ventre au dos en un éclair et n'en est pas peu fier. Il commence même, ô miracle, à tenir assis quelques secondes en s'appuyant sur ses mains avant de s'écrouler lamentablement. Mais on lui pardonne : il est tellement craquant quand il se mâche les pieds !

6 MOIS EN QUELQUES CHIFFRES...

- > 104 couches (enfin, ça commence à diminuer sérieusement !)
- > 10 dosettes de sérum phy
- > 32 purées maison (je suis hypermotivée, le mixeur est mon nouveau jouet. Pour combien de temps?)
- > 112 tétées (merci la diversification!)
- > 10 petits pots (c'est que c'est pratique, quand même!)
- > ½ envie de retourner au travail
- > 324 envies d'être rentière à vie avec une armada de nounous

SEMAINE 26

Ces satanés faire-part...
(Alors qu'un SMS, c'est si simple !)

Tous les services dédiés aux faire-part coûtent les yeux de la tête !

LUNDI, crise d'organisation.

Quelques photos, une application sur mon smartphone et le tour était joué : j'avais créé les faire-part de naissance de ma fille. Oui mais voilà, **j'ai laissé filer le temps** et les photos me semblent bien loin de ce qu'elle est aujourd'hui. Et puis, je n'ai pas trouvé les bonnes enveloppes. Je dois demander à une de mes amies qui assure sur Photoshop de me faire une nouvelle version, je les veux carrés. J'ai trouvé un site qui imprime des flyers, ce sera très bien, car tous les services dédiés aux faire-part coûtent les yeux de la tête ! Il faut que je pense absolument à trouver les bonnes enveloppes, et dès qu'Henry-Anne a le temps de finir la nouvelle version et de me l'envoyer, hop j'arrose la planète avec ! Mais j'y pense, où vais-je trouver les **adresses postales** de tout le monde ? Je n'ai plus que les adresses mail des gens que je connais ! Je ne sais pas pourquoi, mais je sens que ces faire-part ne vont jamais, jamais arriver à leurs destinataires... Pour le prochain, je prépare AVANT les adresses et les enveloppes, et je fais une formation Photoshop...

Liste des choses à faire

- Ranger le bureau.
- Faire les faire-part.
- Remercier tonton Robert et tata Rosy pour leur cadeau.
- Faire un grand ménage.
- Faire un grand rangement....

SEMAINE 27

6 mois, déjà ! (Fêtons ça)

4 ans d'amour, déjà !

JEUDI, dans notre lit

Comme souvent, Elle s'est incrustée dans notre lit en cours de nuit, entre nous deux. Enfin avec notre aide, bien entendu. Je la regarde dormir avec le feu au cœur, j'ai comme l'impression qu'il s'embrase par moments quand je la vois. Sa petite bouche boudeuse, ses joues rebondies, ses sourcils complètement détendus, pour une fois. Et sa poitrine qui se soulève et s'abaisse doucement au rythme de son souffle lent. Son petit pied droit posé sur le menton de Julien, presque dans la bouche de son père qui dort toujours. **Voilà donc ma famille.**

Il est grand temps d'accorder un peu plus d'attention à son père !

Je me souviens soudain de nos débuts à Julien et moi, il y a bientôt quatre ans, quand c'est lui que je regardais dormir la joie au cœur… Je réalise que j'ai une franche tendance à n'avoir d'yeux que pour ma fille, et je me dis qu'il est grand temps d'accorder un peu plus d'attention à son père ! Aujourd'hui, Elle a déjà 6 mois, et je n'en reviens toujours pas. D'un côté, j'ai l'impression que c'était hier tout ça : la grossesse, l'accouchement ; d'un autre, j'ai l'impression qu'Elle est avec nous depuis des années, et je ne me souviens plus vraiment comment c'était, notre vie d'avant. Je crois que c'était à la fois plus zen et plus terne.

DANS LE LIT DE PAPA ET MAMAN… JUSQU'À QUAND ?

Certains parents préfèrent que leur bébé dorme dans sa propre chambre dès le retour de la maternité, d'autres partagent leur lit avec lui durant plusieurs mois. Les mamans qui allaitent optent souvent pour un partage de la chambre, voire du lit, afin de simplifier les tétées de nuit. Il n'y a pas de bonne pratique en la matière, tant qu'on respecte bien évidemment toutes les règles de sécurité dans un cas comme dans l'autre. Il semble néanmoins important que le couple retrouve son intimité à un moment ou à un autre, et qu'on dise au bébé que sa place n'est pas dans la chambre de ses parents, que cela n'est que transitoire. Après, chacun voit midi à sa porte, mais « midi » n'est pas forcément à la même heure pour le père et la mère !

UNE ÉTOILE DE MER

La position « étoile de mer » est la position préférée des enfants squatters du lit de leurs parents. Elle consiste à dormir profondément, bras et jambes largement écartés, et si possible, pour plus de confort, dans une orientation inverse à celle des parents, bien à l'horizontale et en travers.

Ils se réveillent tous deux doucement. Enfin, Elle émerge doucement, et aide son père à se réveiller vitesse grand V avec un coup de pied dans le nez… Une technique comme une autre !

« Bon anniversaire ma chérie ! Tu es grande ! Tu as 6 mois ! »

Elle ouvre à peine les yeux, se colle contre moi.

« Et ça ne veut pas dire qu'aujourd'hui pour la peine tu peux taper papa ! » ajoute Julien qui redoute encore un jet de membre égaré sur son visage. « Bon anniversaire mon bébé tout mignon en carton ! »

Au royaume des gâteux, les pères sont rois…

AU GOÛTER

Ce n'est pas parce qu'elle ne mange pas encore de gâteau qu'il faut s'en priver pour fêter dignement l'événement ! Je suis passée à la boulangerie m'offrir une religieuse au chocolat bien méritée, et j'ai pris un beignet aux pommes pour l'homme. Depuis quelque temps, Elle essaie de **chaparder la nourriture** qui passe à portée de sa main, et elle a regardé avec grand intérêt la boulangère emballer nos gourmandises. « C'est pour fêter ton sixième mois, d'accord, mais tu ne peux pas encore en manger ! Ou peut-être qu'un peu de compote du beignet te plairait ? En tout cas, pas touche à ma religieuse au chocolat, c'est sacré ! » Arrivés à la maison, Julien a pris une cuillère pour lui donner un peu de la compote de son beignet. Elle a bien de la chance, car il grogne dès que je veux toucher à ce qu'il mange !

Pas touche à ma religieuse au chocolat, c'est sacré !

Voilà quelques semaines que nous lui faisons goûter un peu de ce que nous mangeons et qui ne nécessite pas d'avoir des dents acérées, et je crois pouvoir déjà affirmer qu'elle a le gène de la gourmandise dans son patrimoine génétique ! On se demande bien de qui elle a hérité ça…

6 mois, ça passe vite, vite…

SEMAINE 28

Les joies de la diversification (penser à bâcher le mur)

LUNDI, dans le salon.

L'instant est presque solennel ! Julien et moi sommes fiers de nous être battus avec le mixeur et l'épluche-légumes pour confectionner avec beaucoup d'amour la première purée de notre fille. Carottes et... carottes ! Pour la diversification il est recommandé de donner **un seul légume à la fois sur quelques jours** afin de voir si le bébé le tolère bien. C'est idiot, mais ça m'angoisse un peu cette histoire de nourriture « solide ». Avec l'allaitement, je n'avais pas à me poser tellement de questions, alors que là, je m'interroge sur ce que je dois lui donner comme quantité, avec quoi, quand, comment... J'ai peur des **fausses routes** aussi, qu'elle avale de travers. Bref, encore une fois, une vraie psychopathe. Non seulement j'ai du mal à rassembler mes connaissances alors que je suis spécialisée dans la petite enfance, mais en prime, j'ai pas mal de souvenirs d'accidents

AU SECOURS, IL S'ÉTOUFFE !

- Placez le bébé sur votre avant-bras. Frappez cinq fois entre ses omoplates.
- Retournez-le et ôtez le corps étranger qui doit maintenant être dans sa bouche.
- En cas d'échec, mettez deux doigts entre son nombril et son estomac et pressez cinq fois également.
- S'il n'a toujours rien recraché, appelez les secours d'urgence.

APRÈS LE CHOIX DE LA POUSSETTE, CELUI DE LA CHAISE HAUTE

Quelle tentation, cette sublime chaise haute design rutilante, on dirait presque une voiture de course ! Ou que d'émotion, cette chaise en bois vintage qui a accueilli les fesses potelées de plusieurs générations ! Lorsque vous allez choisir cet objet, n'oubliez pas que vous allez devoir supporter sa vue durant plusieurs mois – voire années, si vous comptez enchaîner les bébés – et que vous allez ensuite devoir trouver la place pour le stocker… Personnellement, j'ai opté pour le modèle rouge d'une célèbre chaise évolutive de grande marque nordique, et je n'ai pas été déçue. Aux couleurs de mon salon, il suffit de quelques tours de tournevis de temps en temps pour la régler aux nouvelles mensurations de ma fille, et le tour est joué.

ou de blessures concernant des bébés qui me reviennent en mémoire depuis qu'Elle est arrivée, et j'ai du mal à me détendre, à m'en défaire. Mes copines qui ont déjà des enfants rient beaucoup quand je leur raconte ça. Elles me disent : « T'inquiète, ça va vite passer tout ça, les peurs pour tout et pour rien, bientôt elle tombera et tu ne te précipiteras même plus pour la relever ! »
La purée est prête, nous installons notre fille dans sa chaise haute – elle y tient assise depuis quelque temps et y joue pendant nos repas – et nous nous battons pour savoir qui la lui donnera. Pour éviter de nous entre-tuer, nous trouvons le bon compromis : **une cuillère chacun**.
« Mais y en a trop là, sur ta cuillère !
– Laisse-moi tranquille, regarde plutôt ta cuillère, tu ne la tiens même pas droite, comment veux-tu qu'elle l'attrape ? »

Elle nous regarde amusée, et mange de bon cœur. Je voudrais filmer chaque instant, chaque seconde, je voudrais garder en mémoire les dizaines d'expressions qui passent sur son visage quand elle mange quelque chose de nouveau. L'expression de la découverte, c'est à la fois **hilarant et magique**. Je me souviens avoir vu sur le Web pas mal de vidéos de bébés qui goûtent du citron, j'ai assez envie de tenter l'expérience – du citron, pas de la vidéo de ma fille sur YouTube !

Je voudrais garder en mémoire les dizaines d'expressions qui passent sur son visage.

BAVOIR EN PLASTIQUE VS. BAVOIR EN ÉPONGE

- Les bavoirs en plastique sont faciles d'entretien, et vous n'en achèterez pas plus de deux. En revanche, ils sont plus encombrants et difficiles à ranger dans les sacs à langer. Et certains bébés semblent parfois gênés par la sensation du plastique dans leur petit cou.
- Les bavoirs en éponge, nettement plus confortables à porter par les bébés, sont évidemment plus jolis… mais risquent de s'accumuler dans le panier à linge, surtout aux première heures de la diversification ! Pensez à constituer un stock conséquent.
- Il existe aussi des bavoirs à manches, qui couvrent poitrine et bras, vraiment utiles si bébé recrache beaucoup.

QUELLE QUANTITÉ LUI DONNER ?

> **AU PETIT DÉJEUNER :** 1 biberon de 240 ml de lait maternel ou infantile.

> **À MIDI,** une purée de légumes (180 g environ) avec 2 cuillerées à café de viande ou de poisson mixées + une petite compote (60 à 100 g environ)

> **AU GOÛTER :** 1 biberon de 240 ml de lait maternel ou infantile.

> **AU DÎNER,** une purée ou soupe de légumes avec un féculent mixé (environ 15 g de riz, pâtes, semoule) + un petit biberon de 90 ou de 120 ml (qu'il est possible de remplacer de temps en temps par un dessert lacté au lait infantile).

CONFIDENCE DE MUM

« Mon bébé n'aimait que la purée de carottes et ne voulait manger que ça. Petit moment d'angoisse, je l'imaginais déjà carencé… Mon pédiatre m'a dit de ne pas m'en faire, que ça allait passer. Et effectivement, au bout de deux semaines, il a accepté de manger autre chose. »

Emma

SAMEDI, chez mes parents

Maman est ravie de pouvoir donner à manger à sa petite-fille, elle attendait ça avec impatience. Julien et moi ne nous lassons pas de regarder notre gamine découvrir de nouvelles saveurs. Aujourd'hui, c'est **compote de banane made in grands-parents**, et nous sommes quatre adultes émerveillés devant ce bébé et sa façon tellement personnelle d'écraser la compote entre sa langue et son palais.

Elle nous regarde souvent en riant, je me dis qu'il y aurait une photo à prendre : d'Elle, sûrement, mais encore plus de nous quatre subjugués et ahuris devant un repas de bébé…

SEMAINE 29

Une vie de chaussures à vendre (un effet secondaire inattendu de la maternité)

Heureusement que j'ai déjà trou mon prince !

MERCREDI, la tête dans le placard de l'entrée.

« Bon, Muriel, il faut que tu te décides là. On ne peut pas continuer comme ça » Aujourd'hui Julien s'est arrangé pour rester avec nous. Il est à peine 10 heures du matin et je commence déjà à le regretter. Il a la tête dans le placard et a déclaré la guerre aux chaussures non portées.

« Celles-là, par exemple, elles ne te vont plus, si ? Tu disais toujours qu'elles te faisaient mal aux pieds, alors maintenant… »

Maintenant, c'est le drame. Voilà des mois que j'espère **retrouver ma pointure d'avant grossesse**, mais il y a bientôt sept mois que j'ai accouché et… toujours rien. Je faisais un bon 40 avant, me voilà avec une paire de 41. Les chaussures qui étaient juste à ma taille me donnent envie de m'amputer des deux pieds dès que je fais plus de trois pas. Il ne me reste plus que les quelques rares paires, un peu trop grandes avant, dans lesquelles j'étais obligée d'ajouter une semelle. La bonne nouvelle – pour moi, pas pour ma carte bleue –, c'est que j'ai une excellente raison d'acheter de nouvelles chaussures. La mauvaise, c'est qu'il faut me séparer de mes anciennes chaussures pour faire de la place aux nouvelles.

« Donc je les jette celles-là Mumu ?

– NON ! Pas celles-là !
– Mais elles ne te vont plus !
– Pour l'instant, mais peut-être que quand je vais maigrir, je vais perdre du gras des pieds, et je pourrai à nouveau rentrer dedans ? »
Il sourit. Je crois qu'il sait aussi bien que moi que c'est mort, mais il a la sagesse de me laisser le temps d'admettre l'évidence.
Je n'avais jamais entendu parler de ce problème de pointure en plus avant d'être enceinte, mais je l'ai découvert sur des blogs pendant ma grossesse, mi-paniquée, mi-rieuse, priant pour que ça ne me concerne pas.
Apparemment, le poids pris pendant la grossesse et l'action des hormones déclenchent parfois **un petit affaissement de la voûte plantaire qui allonge le pied** et cause le désespoir des amoureuses de chaussures comme moi. Je dois avoir une bonne cinquantaine de paires de chaussures, et je pense ne plus rentrer que dans trois ou quatre paires.

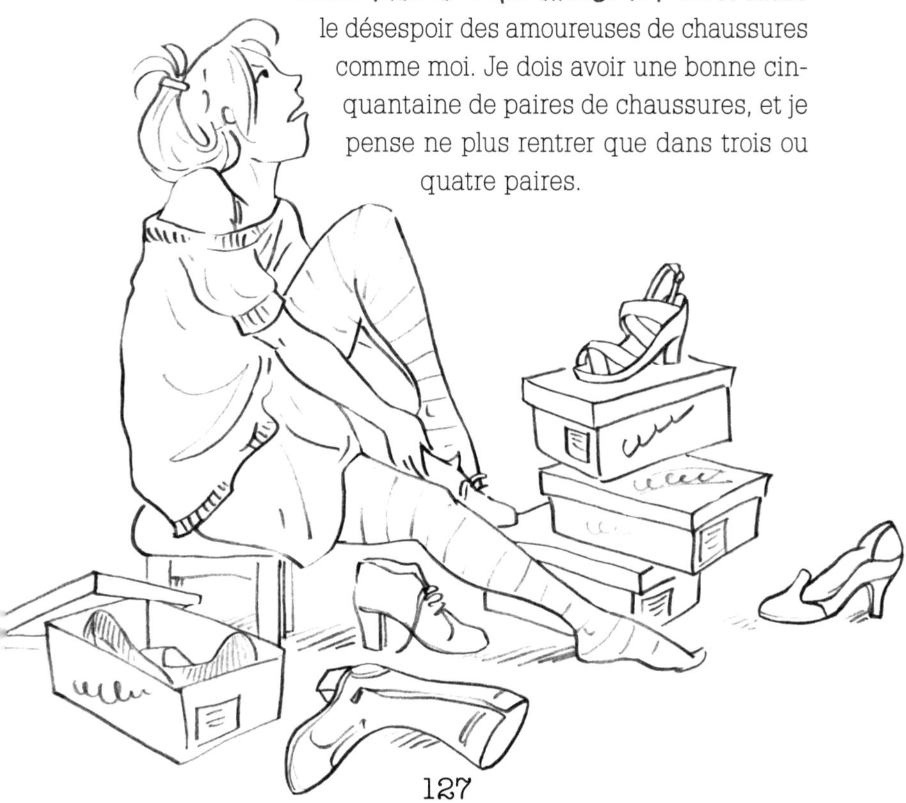

SEMAINE 30

Mon dîner de filles (LA soirée indispensable pour survivre à la maternité !)

MARDI SOIR, au dîner de filles.

Laisser ma fille ne serait-ce que quelques heures, c'est étrangement aussi libérateur que c'est un déchirement. Il paraît que nous sommes très fusionnelles, je préfère dire que nous sommes proches, ou connectées. **Elle hurle quand elle me voit partir**, ce qui ne facilite pas les choses, mais on a coutume de dire que les enfants ne font qu'exprimer ce que les parents ressentent, alors... Je suppose que je devrais travailler un peu sur cette séparation qui est si difficile pour moi ! Heureusement, mon malaise, ma culpabilité fondent dès que je sors de l'immeuble, et c'est alors le sentiment incroyable de liberté qui prime. Avant, pour moi, être libre, c'était partir au bout du monde sur un coup de tête. Pour l'instant, ma liberté se limite à des instants soigneusement préparés, organisés, calés à l'avance. Et pourtant, j'ai presque envie de dire qu'ils ont la même saveur. Une des terribles angoisses qui étaient les miennes quand je songeais à devenir mère, c'était justement de devoir faire face à cette dépendance totale des bébés, au moins pendant quelques mois, et le fait de devoir toujours tenir compte d'un autre que soi avant de prendre la moindre décision. C'est aussi la peur de perdre cette liberté qui m'a poussée à résister longtemps à la vie de couple... Mais j'envisageais alors les choses sous un angle différent : je voyais les contraintes de l'extérieur, et je n'imaginais pas qu'elles seraient vécues

5 minutes de pleurs de ma fille me semblent une éternité !

autrement. Je ne vais pas dire que la perte de mon indépendance est une chose facile. C'est la plus dure de toutes, pour moi. Mais, étrangement, je trouve des satisfactions à des endroits inattendus. **Tout a plus de saveur.** Un peu comme les vacances qui sont bonnes justement parce qu'elles sont limitées dans le temps : tous les petits moments volés à ma maternité, tous ceux où je suis seule, où je suis femme, où je me retrouve, ont au moins triplé de valeur. C'est comme si je vivais tout plus intensément. Et c'est ce que je compte bien faire ce soir…

Quelques éclats de rire plus tard…

Ce soir c'est Axelle qui nous reçoit. Depuis plus de huit ans maintenant, nous nous retrouvons pour un dîner tous les mois avec Célia, Sophie, Nadia et Marion, tantôt chez l'une ou chez l'autre, tantôt au resto. « Bon alors Mumu, tu veux pas arrêter de regarder ton téléphone un peu ? Il sait s'occuper de ta gosse ton mec, c'est son père, non ? » Marion va toujours droit au but, c'est aussi pour ça qu'on l'aime. « Non mais fous-lui la paix, tu sais bien comment c'est les premiers mois ! » Axelle n'aime pas qu'on me bouscule, elle est adorable. « Bah oui, justement, c'est pour ça que je l'aide à ne pas perdre de temps et à sortir de sa coquille ! » Ma coquille ? Ma bulle, plutôt. Elle a raison, Marion. Je suis venue là avec **l'entrain d'un vieux cheval de course qu'on mène à l'abattoir,** car je n'avais pas envie de lâcher ma fille, d'en être séparée même pour peu de temps, et je réalise que je ne me suis pourtant pas sentie aussi bien depuis longtemps. Je m'autorise même un verre de vin pour la soirée, allez, soyons fous. Chaque gorgée est presque magique. Si avant on m'avait dit un verre pour toute une soirée, j'aurais crié au scandale, et là je profite de cet instant comme si c'était le dernier. C'est peut-être ça, le secret de la maternité ? **Apprendre à vivre tout intensément**, tout simplement…

Mon téléphone vibre. J'ai reçu un SMS. « Tu rentres bientôt ? » LE SMS qu'il faut faire mine de ne pas avoir lu. Impossible pour moi. Je termine mon verre et commence doucement à rentrer, heureuse de ce moment un peu trop court pour cette fois et déjà impatiente de retrouver ma fille.

« Bon alors Mumu, tu veux pas arrêter de regarder ton téléphone un peu ? »

7 MOIS

Voici maintenant un bébé stable sur son séant. Son goût immodéré pour le jeu avec ses pieds ne cesse de croître, et il commence à chercher un objet qui a disparu de sa vue ! Il s'exprime enfin avec des monosyllabes, les classiques « ma, pa, ba, da », c'est le moment où chaque parent prie pour qu'il l'appelle en premier. C'est injuste, mais « Papa » a de grandes chances de l'emporter…

7 MOIS EN QUELQUES CHIFFRES…

> 92 couches (je sais, je n'avais qu'à utiliser des lavables…)

> 6 dosettes de sérum phy

> 97 tétées

> 21 petits pots (c'est vraiment, vraiment pratique !)

> 21 purées maison (le mixeur ça n'est pas SI exotique finalement)

> 276 envies de vacances au soleil

> 30 séances d'essoufflement total pour marcher aussi vite qu'avant avec 20 kilos de plus

> 237 envies de changer de boulot malgré la joie de reprendre une activité professionnelle

SEMAINE 31

Mais comment, c'était, avant ? (Une mémoire de poisson rouge)

SAMEDI, au petit matin.

Outch. 6 h 45. Notre fille nous réveille. « Quand je pense qu'avant, le week-end, on se levait à 11 heures du mat' », dit Julien. Une fraction de seconde, je peine à m'en souvenir. **Pour nous, se lever aux aurores, c'est devenu naturel.** D'ailleurs, quand ce n'est pas Elle qui nous réveille, c'est nous qui ouvrons l'œil dès que le soleil se lève. Je repense à maman, qui me disait la semaine dernière : « Quelle patience, ma chérie ! » en me voyant plier un à un les tout-petits vêtements de ma fille, alors qu'elle sait à quel point je n'ai rien de plus en horreur que de plier du linge… C'est sûr qu'en ce moment, je ne suis pas vraiment la nana la plus rock'n roll du monde, et moi qui ai la réputation d'être extravertie et pleine d'humour, je me sens plutôt sur un autre registre. Ce qui n'est pas toujours très agréable, car je n'ai pas l'impression d'avoir grand-chose à raconter. D'ailleurs, **je commence à avoir sérieusement envie de retourner travailler.** Peut-être pas au même endroit, peut-être pas de la même façon, mais je ressens à nouveau très fort le besoin d'être entourée, d'être utile – je veux dire à d'autres qu'à ma fille –, de relever des défis, de réaliser, de créer des choses. Si ce temps auprès de ma fille était pour moi une nécessité absolue, j'ai plaisir à croire que ma reprise se fera avec beaucoup de soulagement dans quelques semaines.

Avant.

« Et tu te souviens, quand on fumait tous les deux dans l'appart ?
– Mais qu'est-ce que tu as à être aussi nostalgique ce matin, tu veux me foutre le cafard ou quoi ? »

Il sourit. « Non, c'est pas ça, c'est juste que... C'est fou, le chemin qu'on a fait tous les deux, avoir un bébé. Qui l'aurait cru quand on s'est rencontrés ? **Et tu te souviens de nos vacances au Mexique, et puis en Thaïlande ?** C'est fini les vacances comme ça... Tu ne veux pas qu'on regarde les photos ?
– Tu sais, mon amour, je suis très heureuse de tout ce que nous avons construit. Je ne me souviens pas vraiment comment c'était avant Elle, ce qu'on faisait de nos week-ends à part rester au lit à regarder dix épisodes d'affilée d'une série en V.O... A posteriori, je n'imagine pas une seconde vivre sans elle et je crois que tout était un peu plus fade que maintenant. Mais ce que je sais, c'est qu'il est hors de question que je regarde des photos de moi en deux pièces, toute bronzée, avec 15 kilos de moins que maintenant et des abdominaux en béton pour commencer le week-end. HORS DE QUESTION ! »

Après.

SEMAINE 32

Les pleurs (cet instrument de torture sophistiqué)

MARDI, en train de résister à la première clope depuis 1 an et demi à la terrasse d'un bar.

Je viens de passer deux heures à tenter désespérément de consoler notre fille, avant que Julien n'arrive et que je lui refile le bébé, au sens littéral du terme. Je me suis échappée, à bout. J'ai tout essayé : la mettre dans l'écharpe puis dans la poussette, lui donner le sein, lui préparer un biberon de mon lait, lui donner de l'eau, chanter, lui masser le ventre, changer sa couche et lui mettre de la crème sur le siège, la promener encore en poussette, retenter l'écharpe de portage, une banane écrasée sous ses yeux avec amour. RIEN. Rien n'y a fait.

> Je perds tout humour, ma patience et ma distance.

« Ça lui fera les poumons ! » qu'ils disaient…

Si seulement je pouvais considérer les pleurs comme une formation accélérée pour exercer sa voix, ou LA méthode en vogue pour augmenter sa capacité pulmonaire et prévenir au mieux l'asthme, tout irait bien. Oui mais voilà : même si Elle pleure de moins en moins, et de moins en moins pour « rien » – du moins sans raison apparente – **l'entendre pleurer me bouleverse, me dévisse le ventre, m'arrache le cœur, me rend dingue.** Et me fait vite enrager, aussi, tant cela me met en colère d'être impuissante face à ce que je ressens comme une grande souffrance chez Elle. Si Julien pondère généralement mes excès, sur ce coup-là, il ne m'est pas d'une grande aide puisqu'il ressent à peu près la même chose que moi. J'ai beau SAVOIR que ce n'est pas forcément le cas, que parfois les bébés pleurent juste pour décharger leur trop-plein d'émotion, que c'est leur seule façon d'exprimer leurs besoins et qu'il suffit de les décrypter (je le sais bien, enfin, je suis infirmière puéricultrice et directrice de crèche !), pour autant, il n'y a absolument rien à faire : l'entendre pleurer, c'est un supplice dont je sors lessivée, rouée de coups à l'intérieur, épuisée. Je me rends bien compte à quel point tout cela semble excessif quand je suis à distance, mais quand je suis dedans, j'en mourrais – oui oui, rien que ça ! Je perds tout humour, ma patience et ma distance. Je me surprends à imaginer que je lui hurle dessus, que je la jette contre un mur. Heureusement que j'ai assez travaillé avec toutes ces émotions en tant que professionnelle de la petite enfance pour savoir qu'elles sont normales, qu'on « fantasme » librement des horreurs pour ne pas les commettre quand on est à bout.

CALMER LES PLEURS

Une fois que bébé est nourri, au calme, au sec, dans les bras d'un de ses parents et qu'il continue à hurler, difficile de savoir quoi faire !

- S'il a de la fièvre ou si vous avez l'intuition profonde qu'il a mal quelque part, il y a peu de chances que vous vous trompiez : appelez un médecin.
- Sinon, vous pouvez tenter tout ce qui vous passe par la tête pour le calmer. Ce qui les apaise est souvent surprenant. Pour certains, ce sont les tours de poussette à l'extérieur, pour d'autres, le siège auto (ce qui fait hurler la mienne…), pour d'autres encore l'écharpe de portage, un morceau d'AC/DC live sur la chaîne hi-fi du salon, une balancelle électrique pour bébé, un mobile, regarder le chat pendant de longues minutes, etc. Peu importe le moyen, même s'il vous paraît incongru, tant que vous ne bercez pas votre bébé au-dessus de 30 mètres de vide ou que vous ne l'endormez pas au gaz !

Vous êtes sûr
que ça marche
sur les enfants ?
OUIIIIN
OUIIIIN
OUIIIIN
OUIIIIN

Une fois, je lui ai hurlé « STOP », elle devait avoir 2 ou 3 mois et a évidemment hurlé deux fois plus, ce qui n'était rien à côté du sentiment de culpabilité qui s'est emparé de moi alors même que je n'avais pas encore refermé la bouche. Je me suis découverte autrement, je suis allée au bout de moi-même, au-delà de mes limites, et ce que j'y ai trouvé n'était pas toujours à mon avantage. Difficile de se découvrir une moins bonne mère que ce qu'on avait toujours imaginé. **Difficile d'admettre que c'est cela, être mère : être soi, avec du bon, du très bon, et du moins bon.** Je n'avais pas imaginé que toutes ces nouvelles émotions me pousseraient à ce point à réfléchir sur moi, à me remettre en question chaque jour un peu plus. Mais aujourd'hui, j'aime la mère que je suis. J'aime la fille qu'elle est. Si elle pouvait juste se mettre à parler, genre là, tout de suite, maintenant, distinctement, et me dire « Maman, je préfère te dire tout de go que j'ai très mal au ventre et que je souhaiterais que tu interviennes rapidement afin de contrer efficacement ma douleur », ce serait merveilleux. Un peu flippant, soit, mais tellement plus pratique pour une mère au cœur sur la brèche…

Difficile de se découvrir
UNE MOINS BONNE MÈRE
que ce qu'on avait imaginé.

LES PLEURS : LA LISTE (NON EXHAUSTIVE ET PERSONNELLE !) DES DIFFÉRENTES NUANCES

Avec le temps, vous parviendrez à identifier différents types de pleurs. Ou plutôt, différents comportements qui impliquent des pleurs. Puisque c'est l'unique mode d'expression des bébés, ils en usent (et semblent en abuser aussi, parfois !).

On peut distinguer...

> LES PLEURS DE FAIM : les plus fréquents, vous les identifiez généralement dès les premières semaines.

> LES PLEURS DE FATIGUE : ceux-là aussi sont vite décelés, d'autant qu'ils sont souvent accompagnés de bâillements et d'yeux rouges.

> LES PLEURS DE DÉCHARGEMENT : certains bébés pleurent juste pour évacuer leur trop-plein d'émotion, cela peut être le soir lorsque la nuit tombe, parfois tous les soirs à la même heure, et ces pleurs laissent des parents bien désemparés devant un bébé qui semble inconsolable.

> LES PLEURS DE « COUCHE SALE » : ce sont surtout les parents qui n'aiment pas que leur bébé ne soit pas au propre et au sec, car à dire vrai, la plupart des bébés s'en fichent royalement. Mais certains peuvent apprécier d'avoir les fesses sèches et propres en toute occasion, et ceux-là risquent en effet d'hurler pour cette raison.

> **LES PLEURS DE STRESS:** trop de bruit, une balade trop longue à son goût, une envie d'être dans les bras, un inconfort… Les raisons sont multiples et variées, et on arrive facilement à répondre à ses besoins avec le temps qui passe, quand on les connaît.

> **LES PLEURS NON IDENTIFIÉS:** ceux qui nous font dire «il y a quelque chose qui ne va pas» sans qu'on sache exactement quoi. Des pleurs de douleur, par exemple, avec un bébé qui se tortille dans tous les sens. Ce sont ceux des bébés qui souffrent de RGO (reflux gastro-œsophagien), que l'on diagnostique notamment parce qu'ils peuvent durer de nombreuses heures sans discontinuer.

Il existe des modèles de mobiles qui se déclenchent lorsque le bébé pleure.

SEMAINE 33

Retenez-moi, je vais le tuer (vivre en couple, vraiment ?)

SAMEDI, dans la salle de bains.

Depuis que notre fille est arrivée, enfin depuis quelques semaines avant sa naissance, **j'ai une envie folle que tout soit beau.** Moi qui délaissais plutôt mon intérieur – je parle de mon appartement, ne nous méprenons pas… –, je me suis mise à fignoler les détails, à ajouter des touches de déco un peu partout, à veiller à ce que tout soit coordonné. Il faut dire que je n'ai jamais passé autant de temps à la maison qu'en ce moment, moi qui suis une vraie femme d'extérieur. Qui étais ? Qui ne suis temporairement plus ? Je ne sais comment le dire. Ainsi j'ai collé cinq petits miroirs ronds les uns au-dessus des autres dans la salle de bains, en prenant soin de mesurer l'écart entre chaque pour que l'ensemble soit harmonieux. Ça fait deux mois qu'ils sont là, et je ne me lasse pas de les regarder – pas trop de m'y regarder, car **mes kilos de grossesse résistent au temps** – et d'attendre avec impatience qu'Elle se lève et puisse se mirer dans le plus bas des cinq, que j'ai fait exprès de coller à la bonne distance du sol. Mais voilà : ce fameux petit miroir, je

À ma grande surprise, je suis devenue une vraie petite femme d'intérieur…

> **Va te faire cuire un œuf sur une barre fixe !**

l'ai retrouvé posé sur le lavabo la semaine dernière. J'ai été étonnée, car il me semblait fermement fixé, mais j'en ai déduit que l'humidité de la pièce avait eu raison de la colle. Et puis hier soir, en direct de la salle de bains, Julien m'a crié : « Tu n'as pas vu le miroir que j'utilise pour me raser ? » Lasse de son incapacité totale et définitive à trouver un objet situé à moins de 30 centimètres, j'ai maugréé un « non j'en sais rien » qui sonnait plus comme un « va te faire cuire un œuf sur une barre fixe » – une des expressions préférées de mon père – et je l'ai laissé se débrouiller.

Leurs phrases pourries

« Ah bah faut c'qu'il faut » quand je lui dis que je n'en peux plus car voilà deux soirs de suite que je mets plus de 2 heures à endormir notre fille.

« Si je pouvais, je jure que je t'aiderais ! » Non, en fait, il te suffirait de le vouloir, mon chéri.

« C'est la vie ! »

« Tu devrais aller dormir, tu as une sale tête. »

« Oh, ça va, y a pas mort d'homme ! »

« Ce que tu peux être désagréable le matin ! » après une nuit où je me suis levée six fois pour le bébé pendant qu'il dormait comme un loir.

« Tiens, prends-la, j'en peux plus » alors qu'il vient de s'en occuper 20 minutes en tout et pour tout.

« Bah, mange moins ! » lorsqu'on se plaint de nos kilos de grossesse.

« Bah, qu'est-ce que je ferais de plus si je restais ? »

LE LENDEMAIN MATIN.

C'est en me levant et en trouvant un second miroir détaché que j'ai soudain eu un flash et résolu l'énigme.
« Julieeeeeeeen ! Viens voir s'il te plaît. »
LA phrase qui annonce au mâle qu'il va prendre cher, qu'il vienne ou pas, alors autant en finir tout de suite. Le voilà qui me rejoint.
« Tu sais comment les deux miroirs du bas se sont détachés ?
– Ben oui, je ne retrouvais plus la glace pour me raser derrière le crâne, alors je les ai pris. » Je suis abasourdie.
« Et comment ça se passe, tu vas arracher les cinq tour à tour dès que tu auras perdu le précédent ? Tiens, j'ai envie d'écrire un truc, je ne trouve pas de papier, ce que je vais faire, c'est arracher un morceau de papier peint pour prendre des notes, bonne idée non ?
– Oh, ça va, y a pas mort d'homme ! »
Retenez-moi, je vais le tuer. S'il n'y a pas encore eu mort d'homme, ça ne saurait tarder.
« Mais tu te rends compte du message éducatif que tu envoies à ta fille ? S'il te manque un truc, tu n'as qu'à arracher la déco ma chérie !
– Oh, ça va, tu fais un drame pour rien, ça se recolle !
– Ah oui, et tu vas les recoller quand ? Aujourd'hui ? Demain ? Tu as retrouvé le premier miroir ? Tu vas en racheter ? »
Il ne répond pas et sort en soupirant de la salle de bains. J'ai l'impression d'être **la mère fouettarde face à son ado**, et je déteste ce sentiment. Heureusement, il part travailler, et Elle dort encore alors qu'il est plus de 9 heures du matin. Je préfère me concentrer sur ce petit miracle que de rester bloquée sur ma colère intense. Je ne sais pas si les hommes viennent de Mars et les femmes de Vénus, mais parfois, je me dis qu'on n'est vraiment pas programmés pour vivre ensemble…

Bon retour !

SEMAINE 34

Mère = père ? (la parentalité n'est pas la parité !)

MARDI, déjeuner en terrasse avec Lise et Elle.

« **Qu'est-ce qu'elle grandit vite, c'est fou !** Autant ça ne m'étonne pas de voir les miens grandir, autant les autres enfants, comme tu ne les vois pas tous les jours, c'est spectaculaire ! » Lise sait de quoi elle parle, elle va bientôt accueillir son troisième, et je me demande comment elle fait pour survivre aux deux premières tout en ayant envie d'un troisième. D'autant plus qu'elle travaille ! Enfin, c'est peut-être justement cela le secret.

« Ça bouleverse le couple de devenir parents. On n'est plus juste un couple d'amoureux ! »

« Oui, et c'est top tu vois, on communique de plus en plus. Quelle fierté de la voir apprendre autant de choses, je n'aurais jamais cru !

– Et à la maison, ça va ? me demande Lise.

– Pfiou…

– C'est normal tu sais que ça ne soit pas facile tous les jours, ça bouleverse le couple de devenir parents. On n'est plus juste un couple d'amoureux !

– Tu as raison, ce n'est pas simple. Mais ce qui me rend folle, c'est que j'ai l'impression d'en faire beaucoup plus que lui, et de devoir toujours le supplier de m'aider. C'est usant. Comme s'il choisissait de ne faire que ce qui lui plaît, sur la durée la plus courte possible ! »

En **parler avec Lise** plutôt que ruminer dans mon coin et exploser à la moindre fourchette sale non lavée **est salvateur**. « Tu sais, après la naissance de Jeanne, quand je m'emportais, mon homme me disait que ça irait beaucoup mieux entre nous quand j'aurais repris le boulot, comme ça avait été le cas après Nina. Et il avait raison. Quand tu es à la maison, tu n'as plus aucun recul, tu te sens inutile et du coup ton “accomplissement”, ce sont les tâches ménagères du quotidien. **Détends-toi**. Si tu es là toute la journée, par la force des choses, tu en fais plus. » Lise est toujours pleine de bon sens. Dès que Julien salit un truc que j'ai eu un mal fou à ranger tout en m'occupant de la petite, ça me rend dingue, j'ai l'impression qu'il me méprise, qu'il m'insulte. Alors que lui; il a juste l'impression… de poser une fourchette sale dans l'évier.

J'ai la nette impression d'en faire beaucoup plus que lui…

On devrait toujours écouter les amis bienveillants qui ont assez de recul pour voir ce qu'on ne voit plus…

« Et puis il y a autre chose Mumu, je te connais : tu reprends la main quand il habille ta fille parce que tu le trouves trop lent…
– Non mais attends, tu ne te rends pas compte, il lui met encore parfois ses bodies ou ses pyjamas à l'envers ! Tu te rends compte ? À l'envers ! Huit mois après sa naissance ! En huit mois, il n'a pas réussi à apprendre **comment on met un body !** »
Lise explose de rire. Je reste sans voix une seconde avant de rire à mon tour. « C'est bien ce que je dis ! On s'en fout qu'il mette son body à l'envers ! Ça n'est pas grave, laisse-le faire ! Tu crois que c'est quoi, le mieux pour ta fille : qu'il mette son pyjama à l'envers ou qu'il ne s'occupe pas d'elle ? »
Un point pour elle. On devrait toujours écouter les amis bienveillants qui ont assez de recul pour voir ce qu'on ne voit plus, parce qu'on a le nez plongé dedans. Je me plains sans cesse d'en faire plus que lui – et c'est un fait –, mais j'interviens dès qu'il bouge une oreille pour prendre le relais ou je lui dis qu'il s'y prend mal. Lise me le demande : ferais-je beaucoup de choses si on me traitait comme ça ? La réponse est non. Je pense que j'éviterais savamment de faire quoi que ce soit, histoire de ne pas subir de reproches. Difficile d'admettre que j'ai aussi des torts dans notre mauvaise répartition des tâches…

Il lui faut une notice pour enfiler le body…

8 MOIS

C'est l'âge classique de l'angoisse de séparation : le bébé différencie ses proches et panique s'il ne reconnaît aucun visage familier. Ce roublard comprend désormais très bien le « non », même s'il feint parfois de l'ignorer. Il attrape de plus en plus précisément les objets entre le pouce et l'index, surtout ceux qui ne lui appartiennent pas et sont dangereux ou fragiles…

8 MOIS EN QUELQUES CHIFFRES…

- > 95 couches
- > 7 dosettes de sérum phy (la rhino, c'est moche)
- > 82 tétées
- > 30 petits pots
- > 12 purées maison (ça m'amuse de moins en moins cette histoire)
- > 13 crises conjugales
- > 23 cœurs fondus en entendant « Maman »
- > 0 kilo de grossesse perdu

SEMAINE 35

Mais comment fait-elle pour que personne ne lui résiste ? (Cadeaux et compliments à gogo)

JEUDI, au marché.

Il me semble évident que je dois prendre des leçons de charme de ma fille. Ou est-ce uniquement la magie de **cette bouille à croquer** et des bourrelets de son cou et de ses bras ? Si c'est cela, mes bourrelets à moi ne semblent pas aussi efficaces. Voilà 2 heures que je fais le marché et je n'ai jamais récolté autant de cadeaux de toute ma vie : un morceau de saucisson, une sucette à la fraise, trois morceaux de pain et un collier…

Je ne vais pas m'en plaindre, si ce n'est que je ne supporte pas de gâcher et que **ça ne va pas arranger mon problème de poids de manger tout ce qu'on lui donne** et qui n'est pas adapté à elle. Comment dire non au charcutier, que le saucisson, à 8 mois, c'est un poil tôt – à moins de le mixer, ce qui me semble être un sacrilège. Comment dire à la boulangère que je compte retarder le plus possible l'inévitable addiction de ma fille aux bonbons en tout genre, dont je suis moi-même complètement fan ? Non, je ne dis rien, je prends et je dévore quand ils ont le dos tourné. Le plus difficile étant de réussir le tour de force de distraire l'enfant pour lui reprendre les cadeaux empoisonnés qu'on lui donne évidemment directement, sinon ça ne serait pas drôle !

Cadeaux pour Elle
= kilos pour moi.

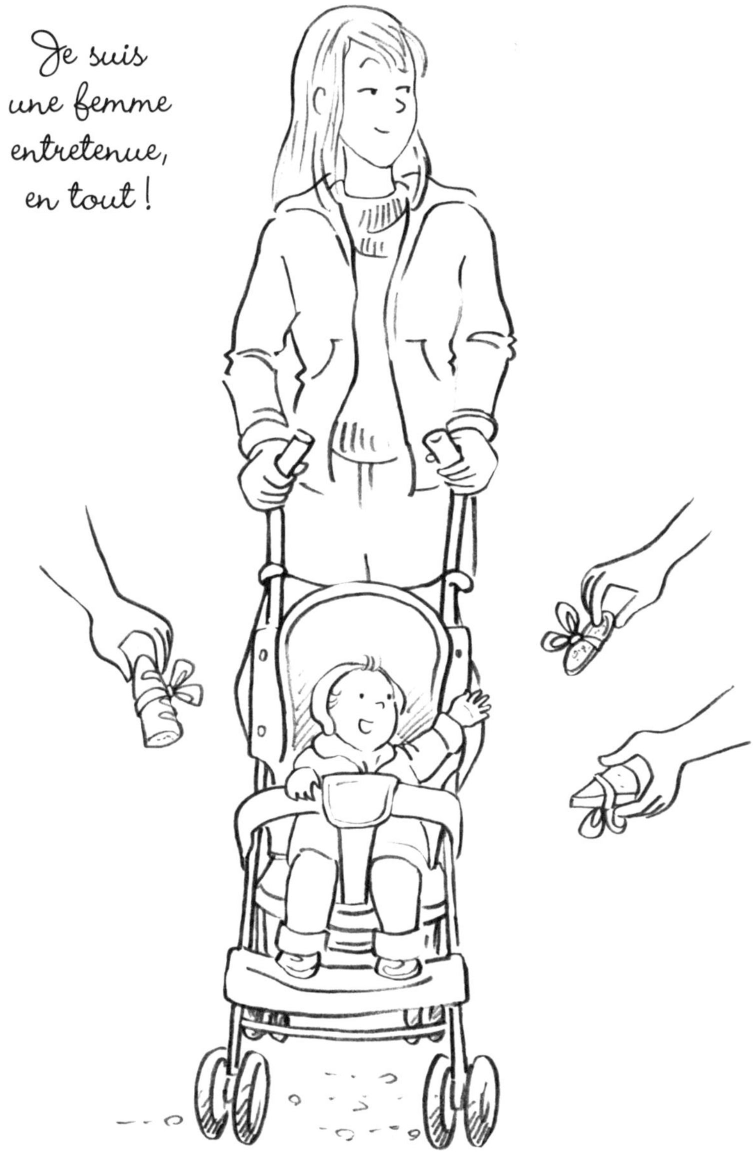
Je suis
une femme
entretenue,
en tout !

SAMEDI, dans la rue.

J'aime voir les gens sourire et nous arrêter pour nous envoyer de bonnes ondes à toutes les deux.

Et ça continue, encore et encore. **Je crois vraiment que les bébés humanisent la société.** Aujourd'hui, chaleur oblige, je l'ai mise en barboteuse. Je croyais être la seule à fondre devant ses cuisses potelées : visiblement, il n'en est rien. Je ne compte plus les sourires et les « gouzou gouzou » qu'on lui sert à longueur de trottoir. Je comprends mieux ce que m'ont raconté les copines : la transparence de la mère une fois le bébé débarqué ! Cela dit, ce n'est pas si désagréable, car j'aime voir les passants sourire et nous arrêter pour nous envoyer de bonnes ondes à toutes les deux. Je trouve ça chaleureux et bienveillant, tant que les gens s'abstiennent de coller leurs pattes sur ma fille, ce qui me crispe un peu, surtout si j'ai des doutes sur leur hygiène corporelle ou leur état de santé, mais bon…

Qu'on me pardonne l'analogie, mais finalement **ça me rappelle quand je promenais le chien de mes parents.** Soudain, on n'est plus cet inconnu suspecté de tous les vices qu'il convient d'ignorer à tout prix, on devient le gentil propriétaire du gentil chien qui a une bonne tête, et donc aimable dans tous les sens du terme. Il paraît que quand les enfants grandissent, ça s'inverse, ils sont vus comme de potentiels voyous susceptibles de parasiter l'espace vital de tout un chacun. Alors je crois que je vais profiter à fond de l'état de grâce qui caractérise pour l'instant nos sorties mère-fille !

Dès qu'un inconnu s'approche d'Elle, je suis à deux doigts de brandir l'antiseptique !

Au pays des jeunes mères, aujourd'hui je suis reine.

SEMAINE 36

Quelques jours de répit (ses premières vacances)

SAMEDI, dans le train.

Enfin ! **Nous voilà en route pour quelques jours au bord de la mer,** dans la maison de la grand-mère de mon amie Henry-Anne, dont le petit Victor a tout juste 9 mois de plus que notre fille. Nous arrivons à la fin du congé parental, et le moins qu'on puisse dire, c'est qu'on ne roule pas sur l'or. Autant dire que si elle ne nous avait pas invités à passer quelques jours à Granville, notre seule alternative était Paris Plages… Et puis il faut bien reconnaître que de toute façon, nous ne serions pas partis au bout du monde, un peu comme l'été dernier quand j'étais en fin de grossesse : je me dis que ma fille est encore petite et je me sens plus tranquille de partir à portée de carte Vitale. Sauf si on avait gagné au Loto et qu'on avait pu louer une équipe médicale le temps d'un voyage, on peut toujours rêver ! Je ne savais déjà pas voyager léger du temps où je n'étais pas encore mère, prenant le triple de ce qui était nécessaire « au cas où », mais avec un bébé, c'est le drame. Entre notre poussette qui n'est pas franchement un modèle de poche et deux énormes sacs pour dix jours, je pense qu'on a l'air de partir pour un tour du monde. Mais après tout j'étais bien obligée de prendre pour

En route pour Granville.

elle et pour moi le nécessaire **en cas de pluie, en cas de canicule, en cas de tsunami, en cas d'éruption volcanique, en cas d'épidémie de choléra…** Les affaires de Julien auraient presque pu tenir dans un sac plastique, comme toujours. C'est ce qui me permettait de voyager avec des tonnes de choses du temps où nous n'étions que deux : **5 kilos de bagages en soute pour lui, 35 pour moi.** La parfaite répartition, en somme. Quand je pense que si nous étions partis en avion, nous n'aurions pas eu droit à des kilos de bagages en plus pour un bébé de moins de 2 ans… Je suis bien heureuse de pouvoir étaler mon attirail dans un wagon ! Henry-Anne et Sacha, le papa de Victor, nous attendent à la gare, et semblent aussi heureux de nous accueillir que nous de les rejoindre.

Ma fille est encore petite et je me sens plus tranquille de partir à portée de carte Vitale.

DIMANCHE, à la plage

J'ai envie de pleurer tant **je suis émue que ma fille voie la mer pour la première fois.** « Tu as vu, ma chérie, c'est la mer ! Tu vois comme c'est beau ! » Elle regarde à l'horizon, sans doute inquiète de mon hystérie et du niveau déraisonnable d'aigus dans ma voix. Julien voit une larme rouler sur ma joue : « Non mais Muriel, ça va, on est à la plage là, tu ne vas quand même pas pleurer !

– Mais attends, tu ne te rends pas compte, c'est super fort symboliquement franchement ! La mer quoi ! C'est pas rien ! Tu te moques de ma sensibilité, mais toi, rien ne t'émeut jamais, alors forcément… Heureusement que je suis là pour équilibrer ! »

Henry-Anne sourit, elle me comprend très bien, d'autant plus qu'elle a passé une partie de son enfance ici, alors y amener Victor pour la première fois avait été riche en émotions pour elle aussi. Bien entendu, il ne fait pas une chaleur tropicale, juste assez pour que nous mettions les petits en maillot et leur trempions les pieds. Julien et moi enlevons nos chaussures et marchons dans le sable : quel bonheur. **« Regarde, mon amour, c'est du sable, tu as vu ? »** Je sens notre fille se cramponner à moi

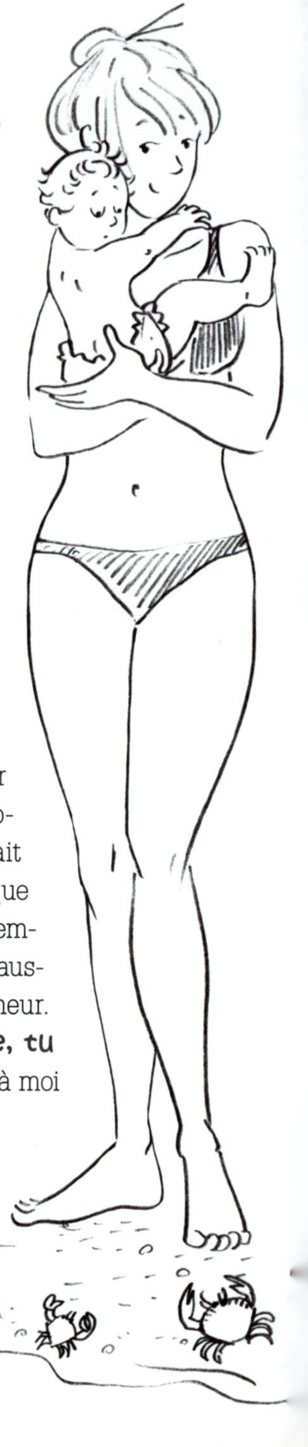

C'est pas gagné…

Là encore, c'est pas gagné !

comme si j'allais la jeter à la mer telle une vulgaire bouteille et son message. « Tu mets tes pieds dans le sable ? Regarde, comme maman ! » Elle commence à chouiner nerveusement et se met à hurler de plus en plus fort à mesure que j'approche ses pieds du sable. « Mais c'est rien regarde, c'est chouette, du sable quoi ! » Rien à faire. Les châteaux de sable, c'est pas gagné !

SURTOUT NE PAS OUBLIER !

- Son doudou préféré, si possible en double.
- Les médicaments de base prescrits par son pédiatre/médecin au cas où : contre la fièvre, les vomissements, la diarrhée...
- Le sacro-saint carnet de santé.

SEMAINE 37

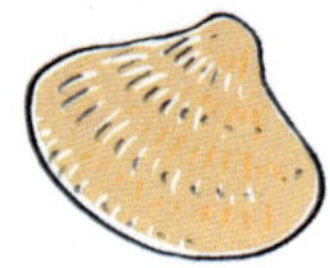

Encore un peu d'air (je resterais bien vivre ici…)

LUNDI, à la gare.

Henry-Anne et moi nous venons de raccompagner nos hommes à la gare. Ils rentrent tous les deux bosser tandis que nous restons quelques jours entre femmes et enfants. Je suis ravie de ces quelques jours de répit, et puis **mes longs moments entre amies me manquent terriblement**. Je crois bien que je suis tellement prise dans le speed quotidien que je n'ai même pas pris le temps de leur dire qu'elles me manquent, c'est fou quand même ! Il est 10 heures du matin et notre programme est juste parfait : balade en ville, repas, sieste, plage, jeux, dîner et… tout le monde au lit, pendant que Henry-Anne et moi on se regarde un film. **C'est fou ce que tout semble plus simple entre mères…**

MARDI, à la plage.

Hier, j'ai dû faire une aire de jeu spéciale pour ma fille avec des serviettes et des paréos car sa **phobie du sable** semblait être à son paroxysme. J'ai même eu du mal à m'éloigner d'elle, elle ne voulait pas me lâcher. Mais elle a regardé attentivement Victor jouer dans le sable, marcher au bord de l'eau. **Aujourd'hui, miracle !** Je l'ai regardée passer doucement de la position assise à couchée sur le ventre, et tendre les mains vers le sable avec appréhension et curiosité. Bien sûr, elle a eu la bonne idée d'en porter rapidement une poignée à sa bouche, rien de tel que de goûter le monde pour le découvrir. Sur ce coup-là, elle n'a pas été déçue du voyage et n'a pas apprécié mon éclat de rire en voyant sa tête ! La voilà enfin en train de jouer tranquil-

lement dans le sable, de tâter les coquillages et d'amorcer une promenade en rampant sur la plage…

JEUDI, dans le train.

Il est déjà temps de rentrer ! Ces quelques jours au grand air m'ont donné des envies de grands espaces, de vivre dans une maison avec un jardin. Je suis une pure citadine et j'ai toujours aimé ça, mais maintenant que je suis mère, j'envisage les choses sous un autre angle, et j'ai aimé voir ma fille dans un autre cadre de vie.

Qui sait ? Peut-être qu'un jour nous franchirons le cap et deviendrons **une vraie famille en pavillon avec chien et chat ?**

Indispensable quand on est privée de soleil depuis des mois…

L'ENNEMI N° 1 : LE SABLE

- Dans la bouche bien sûr…
- Dans les yeux (pipettes de sérum phy indispensables).
- Dans la couche et les plis de l'aine (rinçage en douceur de rigueur au retour de la plage).

SEMAINE 38

Shopping addict (mais ce n'est pas mal, c'est pour ma fille !)

MERCREDI, dans une boutique de vêtements pour enfants.

Comme je n'ai pas retrouvé ma ligne, je n'ai pas vraiment de plaisir à faire du shopping pour moi. À vrai dire, ça ne me traverse même pas vraiment l'esprit, alors que j'étais très coquette il n'y a pas si longtemps. En revanche, **dès qu'il s'agit de vêtements, de chaussures ou de jouets pour ma fille, c'est le drame.** Je ne sais pas m'arrêter. Aujourd'hui, j'ai saisi au vol une très bonne excuse pour la glisser sur mon dos dans son porte-bébé et partir en vadrouille : c'est bientôt la rentrée ! Et, dans quelques semaines, le début de l'adaptation à la crèche. Car j'ai cet immense privilège d'avoir eu une place en crèche – l'inverse aurait été le comble pour une directrice de crèche…

J'aurais peut-être été plus raisonnable si j'avais eu un garçon – quoique, je n'y crois pas vraiment – mais là, c'est infernal. Il y a des dizaines de fringues adorables, irrésistibles.

Quand je prends une robe, j'ai envie d'acheter aussi un pantalon, pour ne pas l'habiller qu'en fifille à sa maman, et vice versa. Si j'achète un pull sombre, je choisis le même d'une couleur claire, pour varier. Le pire, ce sont les ensembles : je suis incapable de ne pas prendre tous les articles d'une même série. Je commence quand même à me calmer

SHOPPING BÉBÉ : MES SITES PRÉFÉRÉS

www.okaidi.fr
Jolis vêtements, simples, dans l'air du temps.

www.orchestra.fr
Vêtements colorés, frais.

www.mellipou.com
Capes de bain léopard ou tee-shirts a-do-rables mais pas cucus.

www.nordinary.fr
Vêtements pour bébés de style scandinave.

www.magicstrollerbag.com
Pour trouver un sac à langer encore plus beau que le plus beau de nos sacs à main.

www.gap.eu
La célèbre marque Gap a un rayon pour enfants à tomber !

store.americanapparel.eu
On y trouve leurs légendaires sweats à capuche dès la taille 3 mois !

www.meresine-shop.fr
Vêtements de créateurs.

www.bianca-and-family.com
Déco et meubles vintage pour enfants.

Je n'ai pas réussi à me décider, toutes les couleurs lui allaient si bien…

un peu, après avoir dû mettre à la cave nombre de fringues devenues trop petites pour ma fille avant même d'avoir été portées. Et puis j'ai aussi trouvé pas mal de **sites de vêtements d'occasion de très bonne qualité,** sans doute revendus par des mères aussi dépensières que moi, qui n'ont pas eu le temps de mettre toute leur garde-robe à leurs enfants avant de devoir s'en séparer ! Tant mieux, ça me permet de ne pas sombrer dans le découvert sans fond quelques semaines avant de toucher de nouveau un salaire digne de ce nom…

SEMAINE 39

Nos éclats de rire (que c'est BON !)

JEUDI, autour de la table...

Aujourd'hui nous avons pris le goûter tous les trois. Julien travaille ce soir et nous avons profité d'une journée ensemble. Elle vient de manger goulûment une compote pomme-banane et un de ces biscuits spéciaux à la cuiller pour les tout-petits – qui ne m'empêchent pas de frôler l'arrêt cardiaque dès qu'elle émet le moindre son étrange qui m'évoque qu'elle serait en train d'avaler de travers, encore une déformation professionnelle d'infirmière puéricultrice. En une fraction de seconde, la voilà qui attrape mon smartphone avec ses doigts pleins de compote. « Grrrrr » Je fais mine de grogner comme un chien.
Elle rit. « Grrrrrrrrr » de plus belle.
Elle rit encore plus. « Ouaf, ouaf ! » **Oui, je suis prête à tout pour faire rire ma fille**, même à faire le chien enragé devant son père. Elle éclate de rire. C'est magique. L'entendre rire, c'est du bonheur à l'état pur, des décharges d'amour, des

TROP FORTE !

Elle...

- se déplace à quatre pattes,
- veut tenir sa cuillère lors des repas,
- se tient debout avec appui,
- saisit un objet entre le pouce et l'index,
- fait la différence entre contenant/contenu,
- double ou triple les syllabes («ma-ma-ma»),
- associe geste et paroles...

salves de joie qui passent directement dans le sang. Une vraie drogue, en somme. « Ouaf, ouaf, ouaf ! » Je change de registre, jusqu'ici je faisais le berger allemand, je suis passée au caniche à sa mémère. Elle éclate de rire à nouveau, son père aussi. Finalement, c'est un fou rire que nous avons tous les trois, sans vraiment savoir pourquoi, chacun hilare de voir les deux autres ne pas pouvoir s'arrêter. Des moments comme ça, ce que je ressens quand nous sommes tous les trois réunis à rire pour tout, pour rien, les voir tous les deux si complices, ça n'a pas de prix, aucun prix. **Ça balaye presque tous les moments où ça a été si dur, les moments où ça l'est encore.** Je n'aurais pas voulu mourir avant de connaître cette chose incroyable qu'est la maternité, malgré tous les sacrifices que ça implique.

SAMEDI, sur le tapis d'éveil.

Parfois, j'ai l'impression qu'elle a déjà de l'humour, qu'elle fait des blagues. Voire qu'elle se fout un peu de nous. Elle nous cherche souvent, nous provoque. Ce matin, Julien et moi étions assis par terre près d'elle, en train de discuter tranquillement pendant qu'elle jouait sur son tapis d'éveil, **quand elle a soudain planté ses dents dans ma cuisse.** « AÏE ! Mais tu me fais mal ! Range tes dents, crapule ! » Elle éclate de rire. Je retourne à ma conversation avec mon homme quand je vois Julien crier « Aïe ! » à son tour, et notre gamine de nouveau hilare. Visiblement, nous ne lui accordons pas assez d'attention à son goût, et elle a décidé de sortir les crocs pour y remédier… Ça devient difficile de lui expliquer, sourcils froncés, que ça n'est pas possible de faire mal quand on a une terrible envie de rire avec elle, quand elle plonge ses yeux rieurs dans les nôtres avec l'air de dire : **« Tu m'engueules mais toi aussi, tu trouves ça drôle, avoue-le ! »**

L'OPPOSITION ET LES PROVOCATIONS, ÇA COMMENCE À QUEL ÂGE ?

Très vite, le bébé découvre que ses cris et ses pleurs vous font réagir – vous lui donnez à manger, le prenez dans vos bras… Mais il n'en abuse pas ! Il ne commencera à tester vos limites que vers l'âge de 18 mois-2 ans, la fameuse phase d'opposition durant laquelle le « non » devient sa réponse quasi systématique… Colères en vue !

9 MOIS

En mode commando, le bébé se déplace en rampant ou à quatre pattes, mais il n'est pas encore tout à fait prêt à vivre seul en milieu hostile ! Il commence à jeter les objets avec lesquels il joue, de préférence dans l'œil ou sur le pied d'un de ses parents. Il touche à **TOUT**, absolument tout, et se déplace particulièrement rapidement quand on lui tourne le dos… Il est désormais également équipé de deux incisives supérieures.

9 MOIS EN QUELQUES CHIFFRES…

- **133** couches (la gastro, ça faisait longtemps…)
- **17** dosettes de sérum phy (vive la rhino !)
- **63** tétées
- **10** petits pots
- **35** purées maison (avant la reprise du travail, je suis à fond !)
- **347** envies de partir très loin avec ma fille sous le bras pour ne pas m'en séparer
- **137** larmes versées à l'idée de la laisser à la crèche
- **137** moments de soulagement intense à l'idée de ne plus être seule à la garder

SEMAINE 40

Zéro habitude (où est passée ma routine ?)

MARDI MATIN, devant mon agenda.

Dans 15 jours, c'est le début de l'adaptation à la crèche. Je voulais prendre un peu d'avance et commencer à remplir les papiers qu'on m'a donnés, mais je crains de n'avoir à le refaire. On me demande ses habitudes de vie, nos habitudes familiales. J'ai presque envie d'écrire zéro, nada. Je veux dire : nous avons bien quelques habitudes, des rituels, mais ils changent quasiment toutes les semaines. Dès lors qu'on se repose un peu sur nos lauriers, il faut vite se réveiller pour se remettre à la page et actualiser nos données internes. Depuis la naissance de notre fille, j'ai dû changer entièrement la composition et la disposition de sa garde-robe au bout de 3 mois. Les vêtements que je préfère lui mettre changent du tout au tout chaque trimestre ! **Tout va à une vitesse folle**. Ce n'est pas que je n'aime pas le changement, bien au contraire, la routine m'ennuie à mourir. Mais j'avoue qu'à ce point-là, je ne serais pas contre un petit ralentissement. J'aimerais me laisser aller durant quelques semaines à de solides habitudes, mais nous n'en sommes pas encore là ! Il y a un mois, elle se couchait assez tard le soir et ne se réveillait pas avant 9 heures du matin – je ne compte pas les inévitables réveils nocturnes, un ou deux toutes les nuits, tiens ça c'est presque une habitude finalement ! –, mais depuis la semaine dernière, à 20 heures elle est au lit et prête à en découdre dès 7 heures du

Elle a un agenda de ministre !

matin. Finalement, je crois que je vais juste remettre ce papier à sa place et je le remplirai la veille de la rentrée.

VENDREDI SOIR, devant un bon film.

Puisque nous ne savons pas combien de temps cela va durer, nous avons décidé de profiter des longues soirées qu'Elle nous laisse pour l'instant en s'endormant si tôt. Ce soir, on s'est mis un bon film d'action, un de ceux qu'on regarde blottis l'un contre l'autre en sursautant de temps en temps. Un de ces films qui ne mobilisent pas plus de deux neurones à la fois et permettent de se détendre tout en rêvassant à autre chose.

Et mon autre chose du moment, c'est cette histoire de crèche dans deux semaines. Après neuf mois passés ensemble, **le temps de la séparation est venu**. Et ça m'enthousiasme au moins autant que ça m'inquiète…

Pile de papiers à remplir. Pffffff…

SEMAINE 41

9 mois dedans, 9 mois dehors

LUNDI, dans mon lit.

Il est 7 heures du matin et voilà déjà une bonne heure que je suis réveillée et que je cogite. Aujourd'hui, ça fait 9 mois que ma fille est née. Je pense aux dictons populaires comme **« Neuf mois pour le faire, neuf mois pour le défaire »**. Celui-ci sous-entend qu'on retrouve son corps 9 mois après l'accouchement, pas qu'on supprime son bébé au bout de 9 mois de vie, évidemment ! Je dois être un chouïa en retard sur le planning, parce que mon corps est bien loin d'avoir retrouvé ses repères. On m'avait pourtant juré que l'allaitement faisait maigrir ; en ce qui me concerne, je crois plutôt que c'est à son arrêt que j'aurai une chance que la tendance s'inverse ! Pour l'instant, c'est le *statu quo*, ça ne bouge pas. Et ce n'est pas si grave, même si j'ai encore du mal à m'accepter différente, à admettre que mon poids ne m'empêche pas d'avoir du charme, qu'on me trouve belle.

> Mon corps est bien loin d'avoir retrouvé ses repères.

Je suis très émue ce matin. Il s'est écoulé depuis sa naissance le même temps que celui qu'elle a passé en moi. Finalement, c'est peut-être pour cela que j'ai l'impression de vivre avec Elle depuis si longtemps : ça ne fait pas 9 mois qu'elle partage ma vie, mais le double. **Cela fait 18 mois que ma fille et moi vivons ensemble,** d'abord elle à l'intérieur, puis à nos côtés. Je me dis aussi que si j'étais retombée enceinte tout de suite après, un deuxième bébé pourrait bientôt être là, comme ça arrive souvent, et je constate que ça aurait été drôlement tôt, quand je vois à quel point elle est encore dépendante de moi ! J'ai beaucoup de chance, car si poursuivre l'allaitement ne me fait pas maigrir, ça a au moins l'avantage d'avoir retardé mon retour de couches. Bientôt un an après, **je n'ai toujours pas mes règles, et ça ne me manque pas, mais alors pas du tout !**

On m'avait pourtant juré que l'allaitement faisait maigrir !

▪ Crèches collectives : ce sont à elles que l'on pense lorsqu'on évoque les crèches. Ce sont des structures collectives qui peuvent accueillir beaucoup d'enfants (en général de 20 à 70), entièrement gérées par des professionnels. Elles peuvent être municipales, départementales ou associatives, ce qui ne change absolument rien pour les parents (les tarifs sont les mêmes et calculés en fonction de leurs revenus) si ce n'est que dans certaines villes, il faut s'inscrire à la mairie pour les municipales et les départementales d'une part, et auprès de chacune des structures associatives d'autre part.

▪ **Crèches parentales** : ce sont des structures plus petites que les précédentes, où les parents participent activement à la gestion de la structure, accompagnés de professionnels de la petite enfance. On demande généralement au moins une demi-journée de présence par semaine à chaque famille au sein de l'établissement. Il faut donc une certaine disponibilité. En échange le coût est un peu moins élevé qu'en crèche collective.

▪ **Crèches familiales** : il s'agit d'assistantes maternelles qui gardent les enfants chez elles mais se retrouvent ensemble une demi- à une journée par semaine. Elles sont encadrées par une puéricultrice.

▪ **Micro-crèches** : depuis quelques années, les règles ont été assouplies pour permettre de créer facilement de petites structures accueillant 9 à 10 enfants encadrés par des auxiliaires de puériculture à plein-temps, elles-mêmes supervisées par une puéricultrice quelques heures par semaine. Malheureusement, les micro-crèches sont encore rares.

▪ **Crèches d'entreprise** : financées en partie par l'employeur, elles peuvent être une solution de garde de choix, à condition idéalement que le bébé ne doive pas subir beaucoup de transport au quotidien pour s'y rendre. Une fois sur place, il est toujours proche d'un de ses parents, ce qui peut être pratique notamment pour la poursuite de l'allaitement (s'il s'agit de la crèche d'entreprise de la maman, évidemment !)

- **Halte-garderie** : fonctionne de la même manière que la crèche collective, mais l'accueil ne s'y fait qu'à la demi-journée. La plupart du temps, les enfants n'y mangent pas, et ils ne peuvent pas y être accueillis plus de 3 demi-journées par semaine en général. Parfait si on travaille à mi-temps ou si on cherche un emploi.
- **Assistantes maternelles** : elles sont agréées suite à une formation de 120 heures, puis suivies régulièrement par la PMI (protection maternelle et infantile). Elles peuvent accueillir jusqu'à 3 enfants à leur domicile, qui doit bien entendu être adapté. Leur disponibilité, leurs horaires et leurs tarifs sont très variables d'une région à l'autre. Peuvent très bien convenir aux parents dont les horaires de travail sont un peu atypiques.
- **Les MAM** : depuis peu, certaines assistantes maternelles se regroupent au sein de MAM (maisons d'assistantes maternelles), ce qui leur permet d'être moins isolées au quotidien et rassure certains parents. De plus, l'accueil se fait sur une plus grande amplitude horaire, car elles étalent leurs arrivées au fil de la journée.
- **Garde partagée** : deux familles s'associent pour employer une nounou à domicile qui s'occupera de leurs enfants. Il faut veiller à se lier avec une famille proche géographiquement, mais également avec qui vous partagez le même type d'horaires, d'exigences et/ou de convictions éducatives (et être assuré que chacun paiera effectivement la nounou en temps et en heure…) pour que ça se passe au mieux et éviter les mauvaises surprises. Les personnes recrutées ne sont pas forcément titulaires d'une formation spécialisée dans la petite enfance, c'est souvent par bouche-à-oreille que se fait le recrutement. Dans ce cas, la famille devient un employeur à part entière, avec à charge d'établir le contrat, de faire les fiches de paie, de calculer les congés…

JEUDI, un peu de shopping.

Décidément, quand j'angoisse, le shopping reste une option de choix. Pour la semaine prochaine, j'ai décidé d'acheter à ma fille une tétine et un doudou. Jusqu'ici, elle ne prend ni l'un ni l'autre, mais si elle en a besoin, elle les aura avec elle à la crèche en mon absence, et c'est important pour moi d'aller les acheter avec elle, d'avoir une occasion supplémentaire de lui parler de cette reprise qui approche. Ce n'est pas le moment idéal pour commencer à faire garder un bébé, car **vers 8-9 mois, ils traversent une période d'angoisse de la séparation** où il leur est particulièrement difficile de se séparer de leurs parents. D'ailleurs je le sens bien, elle se cramponne à moi depuis des semaines. « Tu sais, maman va retourner travailler, elle en a besoin. Je ne serai pas avec toi la journée, mais tu pourras faire plein de nouvelles choses, jouer avec les copains, avec Aïcha, qui sera ton auxiliaire référente. Ce sera super ! » J'ai du mal à ne pas avoir de trémolos dans la voix quand je lui parle de la crèche. Alors j'ajoute : « Tu sais, je suis émue de te laisser, bien sûr, après tout ce temps ensemble. Mais je sais que tu vivras autre chose et que ce sera vraiment très bien, pour toi, et pour moi ! »
Enfin, je l'espère !

Bon, elle ne va pas au pôle Nord, juste en crèche !

L'univers de la crèche en mots-clés

AUXILIAIRE DE PUÉRICULTURE

C'est elle qu'on appelle souvent, à tort, puéricultrice. L'auxiliaire de puériculture a effectué une année complète d'études pour s'occuper des tout-petits en crèche, à l'hôpital, en pouponnière, etc. En crèche, c'est elle qui s'occupe des bébés. Elle est souvent référente, c'est-à-dire qu'elle est la seule à s'occuper des enfants dont elle a la charge, du moins pour ce qu'on appelle « les temps forts » (endormissement, change, repas, etc.).

ÉDUCATRICE OU EJE (ÉDUCATRICE DE JEUNES ENFANTS)

L'éduc', comme on la nomme couramment, a décroché son diplôme après trois ans d'études. Elle coordonne souvent plusieurs auxiliaires de puériculture et gère notamment les différentes activités proposées aux enfants. Son rôle auprès d'eux varie en fonction des sections et des âges des petits.

PSYCHOLOGUE

En crèche, le psychologue est présent pour soutenir les enfants et les familles, mais aussi les équipes. Il aide ces dernières à prendre du recul sur leurs pratiques ou les aiguille sur les rails de la juste distance lorsqu'elles sont trop investies affectivement, ce qui peut arriver puisqu'il s'agit de prendre soin d'êtres humains particulièrement attachants... Les parents ont tout intérêt à le consulter en cas de souci.

PUÉRICULTRICE

Infirmière diplômée d'État qui a effectué une année supplémentaire d'études en puériculture. La puéricultrice est donc une infirmière spécialisée en pédiatrie (bac + 4). En crèche, elle est directrice ou directrice adjointe.

À SAVOIR

- À la crèche les couches sont généralement fournies.

- Si c'est possible, mieux vaut avoir un doudou pour la crèche et un autre pour la maison, ça évite les drames de l'oubli de doudou – devoir repartir le chercher en courant lorsque la crèche est fermée le soir ou lorsqu'on a une réunion cruciale le matin…

- En crèche il faut éviter les barrettes, élastiques et autres vêtements avec des boutons mal cousus ou des rubans qui pendent : les bébés doivent être aussi à l'aise que possible pour vivre intensément leurs expériences, mais il faut également bannir tout ce qui pourrait les blesser lorsqu'ils jouent ensemble. Par exemple, j'ai déjà récupéré une barrette au fond de la gorge d'un bébé qui était en train de s'étouffer. En crèche, les règles ont souvent l'air d'être pénibles gratuitement : chacune est en réalité la conséquence d'incidents ou d'accidents plus ou moins graves, il faut donc s'y plier scrupuleusement. Les boucles d'oreilles sont proscrites entre autres pour les mêmes raisons que pour les élastiques et les barrettes…

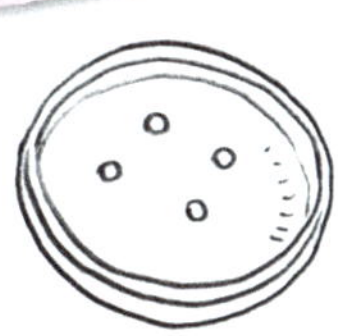

Attention aux barrettes et aux boutons mal cousus, qui peuvent s'avérer très dangereux.

SEMAINE 42

Le début de l'adaptation (et si c'était moi la moins adaptée?)

LUNDI, en route pour la crèche.

Nous voilà tous les trois en route. Julien s'est organisé pour être présent toute la semaine à nos côtés, je le soupçonne de s'inquiéter plus pour moi que pour Elle, et **j'avoue que je n'en mène pas large**. L'adaptation s'étale sur toute la semaine : nous allons venir tous les trois, d'abord quelques dizaines de minutes une seule fois par jour, puis de plus en plus longtemps, deux fois par jour. Ven-

LA PÉRIODE D'ADAPTATION

On ne laisse pas son enfant en crèche du jour au lendemain : il y a d'abord une période d'adaptation d'une semaine en moyenne.

Idéalement les deux parents sont présents, soit ensemble, soit tour à tour. Le but est que l'enfant se sente sécurisé par la présence parentale dans un lieu qui lui est totalement inconnu. La plupart des structures ne permettent pas à un autre membre de la famille (grands-parents, par exemple) de participer à l'adaptation, sauf dans de très rares cas, mais il ne faut pas hésiter à demander.

Les protocoles varient en fonction des lieux, mais le principe est toujours le même : au fil des jours, l'enfant et ses parents restent de plus en plus longtemps, à différents moments, puis sont présents pour des repas, avant que le bébé soit quelques dizaines de minutes sans ses parents, puis quelques heures, etc.

L'idéal est de prévoir 15 jours pour pouvoir prolonger un peu l'adaptation si nécessaire, mais ce n'est déjà pas toujours simple de bloquer une semaine alors… on fait comme on peut !

dredi, nous nous absenterons brièvement, le temps du goûter par exemple. Le but est qu'elle sente notre présence comme faisant partie intégrante du lieu, et qu'elle sache que nous reviendrons toujours la chercher. Autant dire que je n'ai pas spécialement hâte d'être à vendredi car je crains que ça ne puisse pas se passer sereinement. Mais j'ai envie de croire au miracle, les bébés m'ont si souvent étonnée depuis que je suis directrice de crèche !

CONFIDENCE DE MUM

« Je me suis sentie tellement en confiance avec la nounou que la séparation s'est vraiment bien passée. Je partais en laissant un bébé souriant : un rêve pour l'angoissée que je suis ! »

Marie

VENDREDI,
autour d'un café.

La semaine s'est très bien déroulée. C'est Aïcha qui s'occupe de notre fille, et elle est juste parfaite. Au fil de la semaine, nous avons vu notre fille se rapprocher d'elle de plus en plus, et entrer en interaction avec les autres enfants. Et moi, ça m'a fait un bien fou d'être de nouveau socialisée quotidiennement, d'avoir de nouveaux repères dans le temps, d'avoir un but tous les jours. Je reprends le travail dans quinze jours, j'avais fait exprès de programmer l'adaptation un certain temps avant ma propre reprise, pour pouvoir m'occuper un peu de moi et pour pouvoir prolonger l'adaptation si cela ne se passait pas bien. Jusqu'ici, tout roule, mais nous venons seulement de laisser notre fille pour deux heures et **les hurlements qu'elle a poussés quand nous sommes partis m'ont brisé le cœur**. Elle était dans une détresse terrible, malgré nos paroles pour la rassurer, comme si elle avait

la conviction qu'on la plantait là pour partir faire le tour du monde en amoureux pendant trois ans. Ça réveille en moi des sentiments violents que je n'identifie pas vraiment, mais je n'ai pas envie qu'elle imagine une seule seconde que je pourrais l'abandonner. Julien et moi essayons de parler d'autre chose, mais ce n'est pas très efficace. Allez, encore 1 heure à tenir et on court la retrouver !

LISTE DES AFFAIRES À APPORTER EN CRÈCHE (non exhaustive, les règlements variant selon les crèches)

SOUVENT :

> une tétine et un doudou ;

> une tenue de rechange (body, chaussettes, pantalon, pull) ;

> du sérum physiologique ;

> des couches.

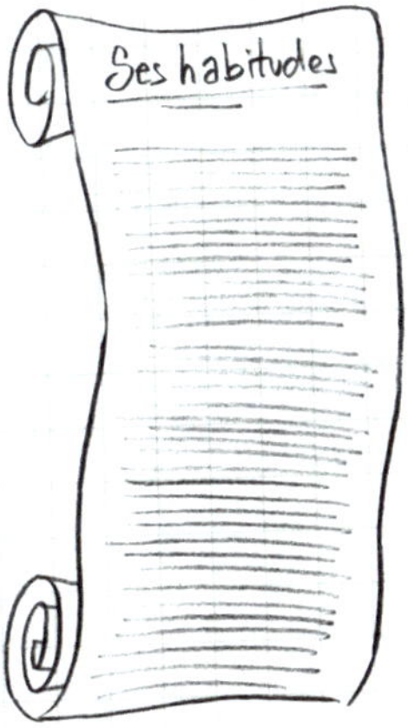

ET AUSSI PARFOIS :

> un thermomètre ;

> un médicament contre la fièvre ;

> un petit biberon pour l'eau ;

> crème pour le change antirougeurs ;

> une lettre explicative sur les habitudes de votre enfant.

SEMAINE 43

Penser à la reprise du travail (enfin ! déjà ?)

LUNDI, après l'avoir déposée.

Cette semaine, elle fera de courtes journées, le temps de s'habituer à son nouvel univers. **Je suis repartie de la crèche en larmes** ce matin tant ça m'a fait mal de la voir hurler. Je sais pourtant que c'est normal d'en passer par là, mais ça ne me console pas. Arrivée à la maison, je me suis assise sur le canapé, désœuvrée : et je fais quoi, moi, maintenant ? Je commence par quoi ? La liste des choses que j'ai prévu de faire une fois que je serais enfin seule est tellement longue que je ne sais pas par où commencer. Ranger ? M'occuper de moi ? Préparer mon retour au boulot ? Je commence à pas mal angoisser de ma reprise. D'une part, je ne suis pas sûre d'avoir envie de continuer à être directrice de crèche, de m'occuper des enfants des autres plutôt que de la mienne, de porter la responsabilité de 70 vies 12 heures par jour, de gérer les situations de crise, les états d'âme des membres de l'équipe, les conflits, etc. **En revanche, je suis au moins sûre d'une chose : c'est de mon envie, mon besoin de retourner à la vie active.** Même si j'ai aimé profondément passer ces 9 mois avec ma fille, il était temps pour moi de passer à autre chose, de vivre d'autres aventures, de reprendre ma vie de femme et de m'accomplir. Étrangement, je me sens plus prête maintenant à prendre des risques professionnels qu'avant, alors que j'aurais juré que ce serait le contraire. D'ailleurs, ça m'inquiétait beaucoup, car je me disais que maintenant que j'étais mère, ma voie était tracée et que je ne pourrais plus rien changer. Bien au contraire.

Dans deux
semaines,
j'y retourne !

LES MAMANS FRANÇAISES EN QUELQUES CHIFFRES

- Avec l'arrivée du premier enfant, 17 % des jeunes femmes passent à temps partiel (35 % après le deuxième enfant).
- Les femmes effectuent 80 % des tâches domestiques… et cela ne s'arrange pas après la naissance, bien au contraire !
- Selon l'Insee, il y aurait entre 2 et 3 millions de femmes au foyer contre… 75 000 hommes environ.

Avoir ma fille près de moi me donne une énergie folle, et je me dis que la plus belle chose qu'on puisse lui transmettre, c'est que tout est possible dans la vie tant qu'on le souhaite vraiment et qu'on fait tout pour y parvenir. Cette reprise du travail, je l'attends avec impatience, mais elle m'inquiète car je sais que je vais bientôt devoir faire des choix radicaux pour mon avenir. Et ça, ça fait peur. Mais c'est excitant aussi ! L'ambivalence qui m'habite depuis des mois est à son paroxysme. La maternité ne me semble pas pouvoir exister sans cette foutue ambivalence qui me cloue sur mon canapé un lundi matin où j'ai mille choses à faire. Allez, je file chez le coiffeur. Ah non, si on m'appelle pour me dire qu'Elle hurle et qu'il faut que je vienne la chercher ? Je vais ranger et trier avant la reprise, ça me semble vital. Et comme ça, je reste tout près de la crèche, au cas où…

10 MOIS

Il devient urgent de prendre de bonnes habitudes et de mettre sa susceptibilité au placard car le bébé nous imite de plus en plus... Mais il commence aussi à nous gratifier d'un au revoir de la main quand nous partons, ou d'applaudir quand nous disons « Bravo ! ». Il répond même à son nom, et nous amadoue pour de bon avec ses « Maman » et « Papa » prononcés avec amour...

10 MOIS EN QUELQUES CHIFFRES...

> 70 couches (merci la crèche, qui fournit les couches la journée !)

> 8 dosettes de sérum phy

> 59 tétées

> 17 petits pots

> 15 purées surgelées

> 2 petits plats maison (on passe aux morceaux !)

> 7 déjeuners entre copines près du boulot, le pied !

SEMAINE 44

Tous aux abris !
(Elle tient debout, au secours !)

MERCREDI, à la crèche.

L'adaptation se déroule tant bien que mal, Julien et moi nous l'accompagnons le plus tard possible le matin et venons la chercher aussi tôt que nous le pouvons pour que ses journées soient courtes. C'est déjà la troisième semaine à la crèche, si on compte la toute première semaine d'adaptation, et **les choses s'améliorent de jour en jour**. Mais on est encore loin de la félicité parfaite ! On dit qu'il faut un bon mois pour que l'adaptation se fasse. C'est drôle, mais ça m'a toujours semblé passer beaucoup plus vite quand c'étaient les enfants des autres qui pleuraient beaucoup en l'absence de leurs parents !

On dit qu'il faut un bon mois pour que l'adaptation se fasse.

CONFIDENCE DE MUM

« En parlant d'assistante maternelle, il faut que tu sois sur la même longueur d'onde qu'elle. J'ai cru dénicher la perle et je me suis retrouvée avec un tyran qui dégradait chaque jour mon rôle de maman. Trouve quelqu'un qui te ressemble, prends ton temps... N'hésite pas à mettre fin à une période d'essai peu concluante. » **Gaëlle**

LA GESTION DES COLÈRES

Gérer la colère d'un bébé est une entreprise délicate, qui demande autant de douceur que de fermeté.

Lorsqu'il est en colère, le bébé vit en réalité un moment émotionnel qui lui fait à lui-même très peur : cette terreur peut à son tour nourrir sa colère. À vous de le prendre dans vos bras, de le serrer contre vous (fermement, mais pas dans un étau !) : le contenir physiquement peut l'aider à contenir ses émotions.

Et ne cédez pas. Rassurer, oui, abdiquer, non !

L'angoisse de la séparation

Entre 7 et 12 mois, il se peut que votre bébé ne supporte pas de ne plus vous voir, ne serait-ce que quelques secondes. Il pleure dès que vous le laissez chez la nounou ou à la crèche. Rien de plus normal : il a compris que vous étiez une personne distincte de lui et, de fait, prend conscience de l'importance que vous avez pour lui.

Aidez-le à surmonter cette phase difficile en lui parlant tendrement. Donnez-lui son doudou (qui lui rappelle votre présence) et, surtout, ne sortez jamais en catimini sous prétexte d'éviter une crise.

À l'inverse, prolonger indéfiniment les adieux ne fait qu'augmenter le stress de chacun : une fois arrivée au bureau, personne ne vous interdit de passer un petit coup de fil pour savoir comment votre chéri s'est comporté après votre départ.

Depuis lundi, à chaque fois que nous venons la chercher, elle se met à pleurer comme pour nous montrer à quel point elle est furieuse, alors que si on regarde par la baie vitrée avant d'entrer, elle est en train de jouer tranquillement. Ça fait partie du jeu, et même si ça nous fait mal, il faut bien relativiser : dans quelques semaines, tout ira bien ! Les rapports avec l'équipe de la crèche sont au beau fixe, nous avons une grande confiance en elle, c'est rassurant de laisser notre fille dans ce cadre malgré ses pleurs.

VENDREDI, à la maison.

Nous sommes allés la chercher tous les deux à 15 heures pour se faire un bon goûter avant ma reprise du travail. À partir de la semaine prochaine, je serai au boulot de 9 h 30 à 18 h 30, et je suis assez stressée de penser que je ne verrai pas ma fille pendant si longtemps tous les jours. Et encore, je ne me plains pas, nous habitons à 10 minutes à pied de la crèche où je travaille, ce qui est quand même un luxe ultime ! Julien et moi sommes en train d'apporter à table tout ce qu'il faut quand je vois soudain notre fille debout, agrippée au canapé comme si

DESPERATE HOUSEWIVES ?
Selon une enquête réalisée en 2007 aux États-Unis auprès de 40 000 mères au foyer, celles-ci, pour mener à bien toutes les tâches qui leur incombent, travaillent en moyenne 92 heures par semaine.

CONFIDENCE DE MUM

« Mademoiselle n'a pas daigné essayer le quatre pattes ou même de se traîner sur son popotin. Non, elle roulait boulait (je m'explique : elle se retournait dos-ventre puis ventre-dos !), et pour tourner elle bougeait ses petons ! Bref, des fous rires à gogo ! »
Ophélie

sa vie en dépendait. « Ma chériiie ! Tu es debout ! Bravo ! » Julien se joint à moi pour l'applaudir, il n'en faut vraiment pas beaucoup pour nous impressionner lui et moi ! Elle se lâche, tombe sur les fesses dans un gros « pouf » sonore – merci les couches épaisses – et part à quatre pattes vers le meuble TV. Julien et moi, nous nous regardons. Nous venons de comprendre que nous entrons dans une nouvelle ère : celle où le potentiel destructeur de notre fille est multiplié par deux. Le temps qu'on se le dise, elle a déjà fait valser un bibelot que nous n'avions pas encore mis en sécurité. Malheureusement, il n'est pas cassé, et c'est bien dommage car c'est une horreur qu'on nous a offerte et dont je n'ai pas le cœur de me débarrasser. Je pense que je vais tout simplement le laisser là. Avec un peu de chance, la prochaine fois, elle ne le ratera pas…

SEMAINE 45

L'heure de la reprise a sonné ! (Retravailler après un an de break)

LUNDI, 9 h 30, à mon poste.

Le problème, quand on a eu une merveilleuse remplaçante, c'est qu'on ne se sent pas accueillie comme le Messie à son retour au travail. Je ne dis pas que j'aurais aimé la fanfare, des cotillons et un feu d'artifice, mais je m'étais imaginé un truc un peu sympa pour mon retour, un petit mot de l'équipe, un truc quoi ! Bon, il n'est que 9 h 30, tout est encore possible. Si je suis vraiment contente de reprendre le travail, **je suis un peu fatiguée d'avance de devoir aller à la rencontre de tous ces gens que je ne connais pas** : les nouveaux membres de l'équipe, et, surtout, les nouveaux parents. Juste avant que je parte en congé maternité, la crèche a rouvert après de gros travaux. Il y a donc 70 familles que je ne connais pas ou à peine. Connaître les 70 enfants, c'est assez facile et vraiment agréable. Ce qui l'est moins, c'est de leur associer un père et une mère, et de connaître l'histoire de chacun. Quand la crèche tourne normalement, quand je ne suis pas absente, c'est seulement une vingtaine de nouvelles familles que j'accueille à chaque rentrée, et autant qui partent à l'école maternelle. Découvrir autant de personnes à la fois quand on n'a pas très envie d'être là et qu'on est scrutée par beaucoup de regards interrogateurs,

> Je m'étais imaginé un truc un peu sympa pour mon retour, un petit mot de l'équipe, un truc quoi…

c'est aller chercher l'énergie loin en soi. Ce que j'appréhendais le plus, je crois. Finalement, **à présent que je suis là, ça me semble moins compliqué**, je sens que ça revient presque naturellement. Bon, je vais commencer par faire le tour des sections et apprendre rapidement les prénoms de tous les enfants, le reste viendra avec le temps !

Une fanfare pour mon retour ? Ben non, personne n'y a pensé...

Allaitement et reprise du travail

Une maman qui allaite peut continuer à le faire lorsqu'elle a repris le travail. Dans ce cas, elle bénéficie d'une réduction de son temps de travail de 1 heure (30 minutes le matin et 30 minutes l'après-midi), et ce pendant un an après la naissance du bébé. Ces pauses lui permettant d'allaiter – ce qu'elle peut faire au sein même de l'entreprise – ne sont pas rémunérées.

TOUJOURS LUNDI, à 18 h 29.

Pour mon premier jour de reprise, les parents m'ont fait le plaisir de **ne pas venir chercher leurs enfants en retard :** si c'est le cas, je suis obligée de rester à la crèche un certain temps, et je n'en peux plus de ne pas voir ma fille. Julien est allé la chercher à 16 h 30, il m'a bombardée de photos pour me montrer que tout allait bien mais je n'y tiens plus, **j'ai besoin de la serrer contre moi**. Pas de banderole ni de gâteau de bienvenue aujourd'hui au travail, mais un accueil globalement agréable, même si je sens que certaines familles et certains membres de l'équipe avaient tissé des liens particuliers avec ma remplaçante. Je les comprends et c'est bien normal : pour ceux qui ont été embauchés ou accueillis par elle, il y a forcément un lien particulier, je l'ai vécu moi-même de nombreuses fois. Laissons le temps au temps, j'ai moi-même besoin d'un moment avant de me plonger dans le travail à corps perdu. Je remballe mes affaires à la hâte, fais le tour des sections pour m'assurer que tout le monde est bien parti et **je file quasiment en courant**.

J'ai presque envie de pousser les gens qui marchent doucement devant moi, ceux qui me coupent la route, tant j'ai hâte de retrouver ma fille. C'est évidemment le moment où je croise un ancien papa de la crèche particulièrement volubile, qui a envie de prendre des nouvelles de ma famille et de m'en donner de la sienne. Après être restée suffisamment de temps pour être polie, je lui dis que c'est mon premier jour si longtemps loin de ma fille et que **je suis une mère impatiente de la retrouver**, comme toutes les autres. Il sourit de ma franchise et me laisse partir. Quand j'arrive devant la porte de notre appartement, je l'entends qui pleure. J'ouvre précipitamment, l'arrache presque des bras de son père et la serre fort dans mes bras. Elle s'arrête instantanément. Pour elle aussi, c'était donc un peu long. Mais je ne dois pas oublier : dans quelques semaines, tout ira pour le mieux dans le meilleur des mondes.

SEMAINE 46

Trouver un nouveau rythme (du bon et du moins bon…)

MARDI, 11 H 30, en réunion.

Je me surprends à me réadapter bien plus vite que je ne l'imaginais. J'arrive à tenir une réunion d'équipe tout en trouvant le temps de rêvasser un peu. Le must. Finalement, l'appréhension est toujours plus forte que ce qu'on doit vraiment affronter ! Les débuts ont été un peu durs la semaine dernière, mais on commence à trouver la bonne façon de s'organiser : le matin, c'est moi qui emmène notre fille à la crèche en partant travailler, et le soir, c'est Julien qui va la chercher car je finis tard. C'est l'avantage de ne pas travailler aux mêmes horaires. Du coup, elle ne fait pas des journées trop longues pour l'instant et… tant mieux car c'est encore difficile.

Quand je pars le matin, elle hurle comme si on l'égorgeait, et même si je sais qu'ensuite elle se calme rapidement, ça me brise le cœur de la voir dans cet état. J'ai la peur viscérale qu'elle imagine que je l'abandonne, que je ne l'aime plus, que je ne reviendrai pas. Je lui parle beaucoup, **je lui dis que je l'aime et que je ne la laisserai jamais** mais que j'ai besoin de travailler et de vivre ma vie en dehors de la maison,

Quand je pars le matin, elle hurle comme si on l'égorgeait, et même si je sais qu'ensuite elle se calme rapidement, ça me brise le cœur de la voir dans cet état.

en dehors de notre relation. Elle m'écoute attentivement, on dirait qu'elle comprend chaque mot, chaque phrase. En fait, je suis persuadée que c'est le cas. **Étrangement, ça me repose presque d'être au boulot.** Ce n'est pas la même fatigue, pas le même investissement. Bien sûr, j'ai la responsabilité de 70 enfants au lieu de 1, mais je peux penser à moi, aller aux toilettes quand j'ai envie de me soulager sans attendre que ce soit le moment opportun pour ma fille, mobiliser mon cerveau pour résoudre des problèmes sans loucher pour surveiller ce qu'elle fait au bout de la pièce, manger sans avoir une petite main qui chope ce qu'il y a dans mon assiette, et ainsi de suite…

CONSEIL DE COPINE

« Tu fais surtout comme tu peux, rien n'est grave. si tu es heureuse et épanouie, ton enfant le sera aussi. Prends du temps pour toi. Les moments que tu passes avec ton enfant doivent être de qualité alors pour cela, sors de ton quotidien, profite de la vie, et pense aussi à toi. »

Mathilde

Je ne l'aurais jamais cru, mais **j'ai bien plus de temps pour moi au travail que chez moi**. Ce qui est épuisant en revanche, c'est qu'une fois ma première journée terminée – celle du travail en lui-même –, c'est la seconde qui commence. Je suis toujours incroyablement heureuse de retrouver ma fille, mais Julien travaille le soir la plupart du temps, et du coup, je me retrouve souvent seule pour l'enchaînement bain-repas-coucher alors que j'aimerais bien me poser un peu après ma journée de travail. Finalement c'est vers 21 heures, parfois 22 heures, que je souffle enfin, et je sombre d'épuisement dans les 10 minutes qui suivent. Peu de place donc pour notre vie de couple ou les sorties entre copines, il me faudrait des journées de 48 heures ou un pouvoir magique qui me permettrait d'être au top de ma forme en dormant 4 heures. **Je crois que nous sommes encore en rodage, ça devrait s'arranger avec le temps.** Enfin, j'espère ! Le côté très positif de ma reprise, c'est que cela nous force à une certaine

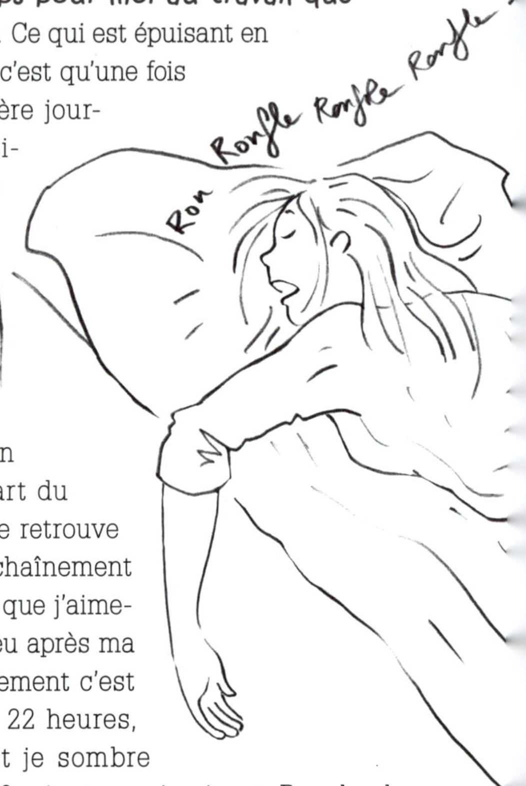

routine, à avoir des repères fixes dans le temps pour gérer au mieux nos journées, ce que nous avions du mal à faire jusqu'à présent. Nous nous sommes abonnés à un nouveau service qui livre chaque semaine des recettes de cuisine simples et faciles à préparer ainsi que tous les produits frais pour les réaliser, ça nous enlève une sacrée épine du pied car je ne vois pas comment nous pourrions en plus trouver le temps de faire les courses et de chercher des idées de plats ; et puis désormais que nous sommes parents, nous nous sommes dit qu'il était temps de lever le pied sur la *junk food*…

Peu de place donc pour notre vie de couple ou les sorties entre copines, il me faudrait des journées de 48 heures.

CONSEIL DE MUM

« Essayez de rester zen ! De dormir ! Pas grave si c'est Tchernobyl à la maison (on vous le pardonnera !), mais surtout, reposez-vous ! »

Ophélie

SEMAINE 47

Le mélange de nos gènes… (Mais à QUI ressemble-t-elle le plus ?)

SAMEDI, chez mes parents.

Depuis qu'Elle est là, nos familles ne ratent plus une occasion de nous inviter. À croire que nous ne leur suffisions pas comme bonne raison de faire de nombreuses réunions tous ensemble ! Ce qui est chouette, c'est que nous retrouvons plus souvent la famille de Julien en même temps que la mienne, et c'est top de les voir s'entendre de mieux en mieux, se découvrir, se connaître. Aujourd'hui ma belle-mère a apporté les albums photo de Julien petit pour nous montrer à quel point Elle lui ressemble. Bien entendu, maman a immédiatement sorti l'artillerie lourde en déballant carrément les diapos de ma lointaine année de naissance…

Notre fille est un mélange parfait de nous deux.

Notre fille est un mélange parfait de nous deux : un découpage horizontal, papa en haut du visage, maman en bas du visage. Je ne me souviens pas exactement de comment je l'imaginais avant

La bonne équation :
50 cl XX + 50 cl XY
= 1 l XX.

« C'est vrai qu'elle a les yeux de Julien, mais regardez, la bouche, c'est celle de Muriel, et son sourire, c'est évident ! »

sa naissance – je sais juste qu'**elle est encore plus belle que tout ce que j'avais imaginé** –, mais on ne peut définitivement pas deviner quelle partie elle héritera de qui. On pourrait diviser les gens en trois groupes égaux : 33 % qui trouvent qu'elle me ressemble (des observateurs qui ont bon goût), 33 % qui trouvent que c'est le portrait craché de son père (des traîtres) et 33 % qui trouvent que c'est fou à quel point elle nous ressemble à tous les deux (des diplomates…). Et je crois bien que ce sont ces derniers qui ont raison. Je m'étonne sans cesse du tracé de ses sourcils, le même dessin que ceux de son père, les mêmes proportions, les mêmes courbes. Et je suis fascinée par sa petite bouche qui ressemble tellement à la mienne, à tel point que sur l'échographie du cinquième mois, on avait déjà pu voir qu'elle avait « ma » bouche.

> **On ne lui épargnera pas 100 % de complexes ou de blessures d'enfance…**

En revanche, elle a pris ma couleur de peau. Julien est à moitié antillais, il a donc le teint hâlé. Ma fille est blanche comme moi. Les premières semaines, j'ai tenté de lui dire qu'elle allait foncer, car les bébés naissent tous clairs et foncent au fil du temps. Bientôt un an après, force est de reconnaître que rien ne va se passer de ce côté-là. Quand il s'en plaint, je lui dis que s'il voulait un bébé mat, il devait bien se douter qu'avec ma couleur de peau, le mélange n'allait pas être très sombre, et ça le fait rire. Je crois qu'il aurait aimé qu'elle soit un peu plus foncée pour lui ressembler encore davantage. Mais quand il l'évoque devant elle, ça me gêne. Je lui dis : « **Arrête Julien, plus tard elle va faire un complexe et elle va passer sa vie dans des cabines d'UV !** » Il me répond que non, mais je vois une lueur d'angoisse passer dans ses yeux, et je sais que le message est reçu. Je sais bien que même avec tout l'amour et la bonne volonté du monde, on ne lui épargnera pas 100 % de complexes ou de blessures d'enfance. Mais on peut au moins essayer de lui en éviter le maximum !

> « Je préfère qu'elle hérite de ta couleur de peau que de ton caractère…
>
> – Mais tu n'as pas encore compris ? Elle a les deux, mon amour. Tu es foutu. »

11 MOIS

Avant de s'élancer sans les mains, voici un bébé qui commence à marcher en s'agrippant le long des meubles ou des pantalons parentaux. C'est le moment pour vous d'avoir des vêtements qui ne glissent pas facilement… Il comprend les phrases simples mais ce n'est pas une raison pour lui parler comme à un débile, d'autant plus qu'il commence à dire « non » avec plus ou moins de véhémence… Si vous voulez avoir un peu d'air, n'hésitez pas à lui confier des cubes à encastrer, c'est sa passion du moment !

11 MOIS EN QUELQUES CHIFFRES…

> 68 couches

> 10 dosettes de sérum phy

> 62 tétées

> 12 petits plats tout prêts

> 15 petits plats maison (je commence à mieux m'organiser !)

> 18 envies d'écrire tout ce que je vis

> 23 entretiens avec des parents à qui j'ai envie de faire des câlins car je les comprends VRAIMENT désormais

> 15 fous rires au boulot

SEMAINE 48

Mes angoisses métaphysiques (ce que la maternité ajoute à nos peurs)

RÉVEILLÉE en sursaut à 4 heures du mat'.

J'ai fait un cauchemar atroce : ma fille ne respirait plus, et j'essayais par tous les moyens de la ramener à la vie, sans y parvenir. Je me suis réveillée en criant et j'ai couru dans sa chambre. En voyant sa poitrine se soulever au rythme de son souffle endormi, j'ai fondu en larmes en la serrant contre moi. Elle s'est réveillée, apeurée à son tour. « Maman ? » **Voilà quelques semaines qu'elle prononce le mot magique.** Celui qui enflamme mon cœur. Après « Papa » bien sûr, l'ingrate. Mon cauchemar semblait si réel que je me suis réveillée avec la certitude que je ne l'entendrais plus jamais prononcer ce mot. Je reviens dans notre chambre avec elle, Julien est réveillé, inquiet. « Qu'est-ce qui se passe ? » **« J'ai fait un cauchemar atroce. »** Il ne me demande pas lequel : depuis que nous sommes parents, le mot atroce a pris une autre dimension. L'atrocité serait de vivre sans elle. Ce n'est pourtant pas que ce soit facile de vivre avec un bébé, mais je n'imagine pas lui survivre une seconde s'il lui arrivait quoi que ce soit.

Mes angoisses de mère sont décuplées par mon passé de soignante : j'ai le souvenir de tellement d'enfants hospitalisés, malades, que j'ai parfois accompagnés jusqu'au bout. Pendant la grossesse **j'ai réussi à tenir ces inquiétudes à l'écart de moi la plupart du temps**, peut-être en les niant tout simplement. Pour moi, il était clair que tout irait bien, cela ne pouvait pas être autrement. Mais maintenant qu'elle est là, c'est une tout autre histoire.

Mon hypervigilance me permet de ne jamais la croire à l'abri d'un accident, tout peut aller si vite...

Quand je descends des escaliers en la tenant dans mes bras, je l'imagine qui tombe. Pareil quand elle s'approche du balcon. J'ai des fulgurances d'images morbides qui s'imposent à mes pensées en une fraction de seconde tous les jours. Je crois que ça fait partie intégrante de ma nécessaire hypervigilance de mère : **c'est ce qui me prévient des dangers et m'empêche de relâcher mon attention**. Et c'est aussi cela qui m'épuise, cette veille constante, même lorsque je dors. C'est d'elle dont j'aimerais me débarrasser quelques heures par semaine. Je crois que c'est pour ça que j'ai presque l'impression de me reposer au travail : elle est gardée par des personnes qui ont toute ma confiance, elle n'est plus sous mes yeux. Je peux donc souffler. Cette conscience exacerbée du danger est peut-être un peu moins forte chez Julien que chez moi, mais elle est très présente aussi, je le vois bien. L'un

L'un comme l'autre, nous avons l'impression d'avoir développé des réflexes de super-héros depuis que nous sommes parents.

comme l'autre, nous avons l'impression d'avoir développé des réflexes de super-héros depuis que nous sommes parents, mais je crois juste que c'est le résultat de cette incroyable vigilance permanente. Tout le monde me dit : « Prends du temps pour toi, souffle un peu ! Partez en week-end tous les deux ! » Je suppose que ça me ferait du bien, mais je n'arrive pas encore à me faire à l'idée de passer 2 jours sans elle, ni qu'elle puisse passer 2 jours sans nous. Qui pourrait s'occuper d'elle aussi bien que nous ? Ses grands-parents, bien sûr. Mais s'ils faisaient un malaise en étant avec elle ? Ou s'ils ne l'entendaient pas alors qu'elle pleure la nuit ? Soudain, j'ai hâte qu'elle ait 10 ans et qu'elle parte en vacances chez eux en riant, sans se retourner pour nous dire au revoir…
On dormira mieux dans 10 ans, non ?

ATTENTION, DANGER !

Bébé marche ou se déplace à quatre pattes ?
Dans la maison, pensez à...

- Toujours faire attention à ce que l'enfant porte à sa bouche (petits jouets et fruits secs sont, par exemple, de réels dangers).
- Mettre les produits d'entretien et les médicaments sous clé (ils sont la première cause de décès des enfants de moins de 4 ans).
- Conserver les sacs plastique hors de portée des petites mains.
- Protéger les prises électriques avec des cache-prise.
- Ne jamais le laisser sans surveillance lorsqu'il est dans le bain, même le temps d'aller chercher une serviette ou le téléphone.

SEMAINE 49

Revivre notre enfance (moi aussi, je veux jouer !)

DIMANCHE, dans notre salon.

Aujourd'hui mes parents sont passés nous voir pour le déjeuner. **Maman m'a fait la surprise d'apporter un énorme carton avec de vieux jouets à moi.** « J'ai pensé que ça te rappellerait des souvenirs ! » Je me suis jetée dessus, j'avais tellement hâte de voir quels trésors elle avait ramené du fin fond du grenier ! Il y avait d'abord… mon arbre magique ! Quel bonheur de le retrouver ! J'ai joué des heures et des heures avec quand j'étais petite : c'est un arbre en plastique qui sert de maison à toute une famille de petits personnages, avec un ascenseur qu'on peut faire monter ou descendre à l'aide d'une mollette qu'on tourne. Maman a même conservé trois des petits personnages ! « Regarde, ma chérie, c'est l'arbre magique de maman ! » Je frôle l'arrêt cardiaque, **Elle a déjà réussi à attraper un des personnages et à le mettre à la bouche**. « Bon, je crois que ça, je vais le garder pour l'instant, tu joueras avec plus tard, en attendant ça reste mon jouet ! » Julien rit. « Je crois que ta mère a apporté tout ça

L'arbre magique, mon jouet fétiche !

Séquence émotion : ma mère a ressorti le carton où sont rangés tous les trésors de mon enfance.

pour que notre fille joue avec, mais on se demande qui va en profiter le plus finalement…

– Non mais attends, tu ne te rends pas compte, on parle de mon arbre magique, là ! »

Elle fouille déjà dans le carton et en sort mon nounours géant. **Les peluches, ça n'était pas trop mon truc** quand j'étais petite, mais alors ce nounours, c'est toute une histoire. C'est ma grand-mère maternelle qui me l'a offert, je devais avoir 2 ou 3 ans, et il faisait la même taille que moi. Je l'ai adoré, il me semblait énorme, immense. Je le traînais partout. Voir ma fille rire aux éclats en le découvrant, c'est une émotion indescriptible. D'abord je suis assaillie par la nostalgie et le souvenir de ma grand-mère : comme j'aurais aimé qu'elle soit encore là pour rencontrer ma fille !

Je suis bouleversée de voir ces objets que je transmets, concrètement, d'une génération à l'autre. L'exploration continue : une souris grise en peluche, THE doudou que j'ai traîné avec moi jusqu'à 9 ans, le petit coussin de mon landau – eh oui, je suis de la génération coussin dans le landau et bébés qu'on couche sur le ventre ! –, des livres de contes que mes parents me lisaient tous les soirs, des poupées… Un peu tôt pour léguer à ma fille la plupart des choses du carton, mais ça me donne une nouvelle perspective : je vais de nouveau pouvoir jouer comme une gamine grâce à elle, et j'ai hâte ! Lui faire découvrir les grands classiques des dessins animés qui m'ont fait rêver quand j'étais petite, lui lire les histoires qui m'ont nourrie, lui offrir les livres que je lisais, peindre ou dessiner avec elle. Je n'avais jamais réalisé qu'il pourrait y avoir **autant de bonheur à faire découvrir à son enfant ce qu'on aime, ce qu'on a aimé, ce qui nous a fait grandir**. Qu'être parent nous ferait à ce point revivre notre enfance.

Je vois Julien un peu rêveur.

« Ça va ?

– Oui, ça va. Mais bon… C'est pas juste, moi aussi je veux retrouver mes jouets et les donner à notre fille ! »

C'est décidé : le week-end prochain, nous partons en expédition chez mes beaux-parents, à la découverte d'un bout de l'enfance de mon homme !

TROP FORTE

Elle…

- mesure 72 cm,
- pousse un objet devant elle,
- tend ses jouets,
- a le sens de la profondeur (haut/bas),
- dit « maman bobo »,
- est consciente de la présence et de l'absence,
- exprime le refus par un mouvement de tête ou par « non »,
- empile, combine, disperse…

LE COFFRE À JOUETS

Bébé marche ou se déplace à quatre pattes ? Dans la maison, pensez à...

Entre 10 et 12 mois, bébé marche à quatre pattes, commence à se mettre debout en s'accrochant au mobilier et a des gestes plus sûrs. Pour accompagner cette étape de son développement, voici quelques idées de jouets à acheter ou à vous faire prêter...

- Des cubes ou des grosses briques à empiler ;
- des animaux à tirer ;
- un tableau d'activités ;
- un téléphone à grosses touches ;
- un chariot de marche (choisissez-le bien stable) ;
- une toupie musicale ;
- des jeux de bain.

SEMAINE 50

Un an en images… (Son premier véritable album photo pour la famille !)

J'ai revécu cette année en accéléré, et j'ai été sidérée de voir à quel point ma fille a changé.

MARDI SOIR, à la maison.

Les fêtes de fin d'année approchent. Nous ne roulons pas sur l'or, même si j'ai enfin repris le travail, les mois de congé parental avaient bien mis à mal nos finances, et il va nous falloir un peu de temps pour retrouver un équilibre. **J'ai longtemps cherché un beau cadeau pour nos quatre parents**, mais qui soit plutôt d'une grande valeur symbolique qu'autre chose. J'ai finalement trouvé : j'ai choisi environ 200 très belles photos de notre fille parmi les centaines que nous avons prises depuis sa naissance pour faire un album pour chaque couple de grands-parents. J'aurais pu faire imprimer directement les albums en ligne, mais j'ai préféré faire imprimer les photos puis les coller moi-même dans des albums photo traditionnels, histoire d'y mettre ma patte et que ce soit plus personnel comme cadeau.

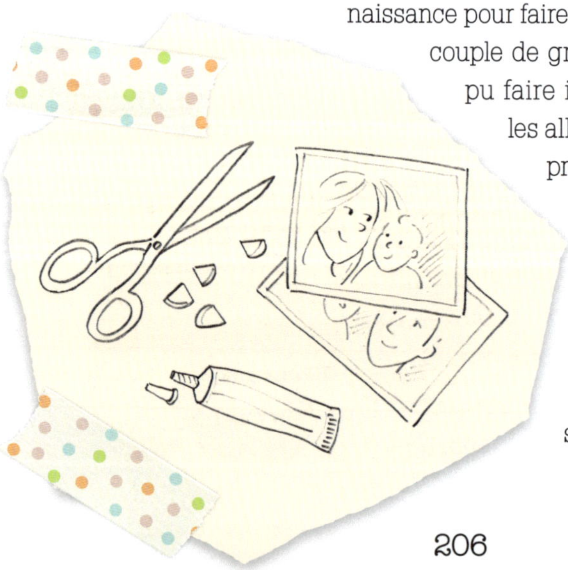

J'ai mis un temps fou à choisir les photos : j'ai revécu cette année en accéléré, et j'ai été sidérée de voir à quel point ma fille a changé. C'est quand même incroyable qu'en un an, elle soit passée de ce tout petit être complètement dépendant – enfin, tout petit, tout est relatif, elle faisait quand même 4,810 kilos, mais à moi elle paraissait tout de même minuscule – à cette petite personne qui a déjà ses préférences, ses exigences, ses joies, ses peines. À cette petite fille qui n'est déjà presque plus un bébé. Bien sûr ça me prend un temps fou de coller 400 photos en tout, 200 par album, en prenant le temps d'écrire des légendes, que ce soit joli. Mais j'y prends aussi beaucoup de plaisir. Déjà, ça me fait du bien de faire une activité un peu manuelle, de ne pas être en train d'envoyer des mails, d'être sur Facebook ou Twitter. D'**être déconnectée**, en somme. Ça me repose vraiment.

CRÉER SON ALBUM EN LIGNE
(pour celles qui ne sont PAS DU TOUT manuelles...)

De nombreux sites proposent de composer votre propre livre photo en ligne. Exit ciseaux, colle et autres cutter, leur utilisation est archi-simple (à condition d'être un peu à l'aise avec la souris...).

En général, vous téléchargez un logiciel – gratuit –, vous créez votre album, livre, calendrier personnalisé (vous pouvez même retoucher les photos), vous réglez en ligne et quelques jours après, vous recevez votre création.

Voici quelques adresses de sites proposant ce type de services :

www.tictacphoto.com/FR - http://www.mypix.com/fr

http://photoreflex.pixum.fr/ - http://www.comboost.com

http://www.snapfish.fr/

J'ai toujours aimé fabriquer moi-même des cadeaux, faire quelque chose en sachant que ça va faire très plaisir, c'est vraiment agréable. Et puis je me dis qu'un jour ses grands-parents ressortiront cet album et le lui montreront, puis le lui donneront, et qu'elle sera très heureuse de voir ces images. Avec toutes les photos sur les ordinateurs ou sur nos disques durs, rares sont les vrais albums qu'on prend le temps de faire. Je me demande comment ce sera quand elle sera grande. Comment seront les albums photo ? Des hologrammes peut-être ? Des images directement imprimées à l'intérieur de nos cerveaux grâce à de minuscules puces ou capteurs ? Est-ce qu'il y aura encore des photos sur du papier, ou est-ce que ce seront des reliques d'un autre temps ?

Décidément, ce premier anniversaire qui approche, c'est une sacrée dose de nostalgie pour nous, les parents. En compulsant les innombrables photos, je n'ai pas pu m'empêcher de penser qu'il en manquait plein. J'aurais dû en prendre plus en vacances, ou tel jour, lorsqu'on a été au zoo, ou tel autre, quand elle avait ce combishort tellement craquant qui ne lui va déjà plus. Il n'y a pas assez de photos de nous trois, non plus : c'est toujours soit moi, soit Julien qui prend les photos, donc fatalement… **« Profitez, ça passe tellement vite ! »** Combien de fois nous a-t-on répété cette phrase ? Je réalise que j'ai déjà oublié plein de choses de cette première année, j'aurais voulu tout noter, le jour exact de son premier « Papa », de son premier rire, de sa première dent. Photographier toutes ses premières fois, les filmer même.

Mais, finalement, toutes ces images, je les ai dans ma tête. Et tant pis si certaines s'effacent : elles font juste de la place pour toutes les nouvelles images que nous allons inventer dans les années à venir !

En fait, j'aurais voulu pouvoir la filmer en permanence, une vraie téléréalité, juste pour nous...

SEMAINE 51

Elle marche ! (Bon, presque !)

DIMANCHE, chez nous.

Une fin de week-end comme les autres. Elle joue par terre, sur le grand tapis du salon devenu son tapis de jeu géant. Julien et moi sommes enlacés sur le canapé, devant un bon vieux film romantique, parfait pour un début de soirée dominicale en douceur. Régulièrement, elle revient vers nous à quatre pattes, se hisse debout à l'aide du canapé, vérifie que nous n'avons pas bougé – je confirme, voilà bientôt 1 h 30 que nous n'avons pas bougé d'un iota –, se laisse tomber sur les fesses et retourne à ses jeux à quatre pattes. Elle se hisse pour la cinquième fois, l'œil rieur quand elle arrive à hauteur de nos regards. Cramponnée au canapé, elle tourne la tête en direction de la télé, histoire d'essayer de comprendre par quel procédé magique son père et moi restons comme momifiés depuis de longues minutes. Elle nous regarde à nouveau en souriant, et s'intéresse à sa

poupée, posée un peu plus loin. Je m'attends à ce qu'elle se lâche à nouveau de tout son poids pour marcher à quatre pattes afin d'aller martyriser sa poupée, mais soudain… **Elle lâche une main, puis deux, et s'élance…** « Julien, elle marche ! » Nous nous sommes redressés tous deux comme si elle franchissait la ligne du 100 mètres en tête aux jeux Olympiques !

« Bravo, ma fille ! » dit Julien.

– Ma chérie marche ! Ma fille ! Tu marches mon amour, bravo ! »

En écrivant ce moment, je me rends bien compte que nos réactions semblent totalement disproportionnées : pourtant, en vrai, c'était encore pire.

> **Nous nous sommes redressés tous deux comme si elle franchissait la ligne du cent mètres en tête aux jeux Olympiques !**

IL MARCHE… QUELLES CHAUSSURES CHOISIR ?

- Tout d'abord, lorsque bébé est à la maison, laissez-le marcher pieds nus autant que possible.
- Achetez des chaussures de préférence en cuir souple, légèrement montantes sur la cheville, avec une semelle antidérapante – souple également. Vérifiez les coutures intérieures : trop visibles, elles risquent de blesser le pied. L'arrière du talon doit être rigide. Enfin, choisissez-les à lacets, pour qu'elles s'adaptent bien à la forme du cou-de-pied.

J'ai sorti mon smartphone et commencé à filmer en moins de temps qu'il ne faut pour le dire. Quand nous avons regardé la vidéo ensuite, **nous avons été frappés et hilares de notre excès de niaiserie hystérique**. Notre fille aurait sorti 45 enfants d'un orphelinat en flammes que nous n'aurions pas été plus enthousiastes. En soi, c'est idiot de s'exclamer devant une chose aussi naturelle et logique que de se mettre à marcher lorsqu'on est un jeune bipède en bonne santé qui se développe normalement. Mais pour les parents du bipède en question : WAOUH ! Quelle émotion ! Elle a fait trois pas, puis elle est tombée, et s'est relevée pour en faire deux autres, avant de retourner jouer à quatre pattes comme si de rien n'était, un grand sourire aux lèvres. Elle a visiblement beaucoup aimé être au centre de notre joie, c'est comme si elle avait identifié notre fierté, elle semblait heureuse de nous avoir fait plaisir. Ou peut-être était-elle heureuse d'avoir réussi à faire réagir ses deux parents-momies hypnotisés par la télé ? Elle nous a laissés là, complètement bouleversés, l'œil humide, au bord de notre

« Tu te rends compte ?
Ça y est, notre fille
MARCHE ! »

canapé. « Tu te rends compte ? Ça y est, notre fille marche ! » me dit Julien. Je ne sais pas bien si je me rends compte. Comme à chaque fois qu'elle progresse d'une façon ou d'une autre, je suis partagée entre une **grande joie** et une immense fierté d'une part, et un **brin de nostalgie, d'angoisse** de voir ce bébé devenir un enfant, puis un adulte. Je ne suis pas de celles qui aiment particulièrement cette étape de vie, celle du tout petit, car j'aime beaucoup trop ma liberté pour apprécier qu'un autre être soit aussi dépendant de moi. Je suis donc sincèrement ravie de ce qui la rapproche de l'autonomie. Mais il y a toujours un deuxième effet en coulisses, un petit pincement au cœur. **Mon bébé volera bientôt de ses propres ailes** et pourra tourner les talons plutôt que d'embrasser sa mère quand bon lui semblera… Ma fille marche !

SEMAINE 52

Un premier anniversaire en belle compagnie…

SAMEDI, en famille.

Ses grands-parents, ses oncles et tantes, tout le monde est là. Aujourd'hui, ma grande fille a 1 an. **Elle va souffler sa première bougie, la première d'une très longue série !** J'ai eu envie de retourner ciel et terre pour son anniversaire. Je ne savais pas quoi inventer, quelle tradition spéciale mettre en place, quel signe fort lui envoyer tous les ans pour lui dire que c'est son anniversaire, et que c'est un jour important. Je ne voudrais pas que plus tard, elle dise qu'elle ne fête pas son anniversaire parce qu'elle s'en fiche. Je voudrais que ce jour soit pour elle un jour magique, un jour plein de sens, le jour où elle est née, où elle a transformé nos vies, le jour où nous, ses parents, nous sommes pris **un gros boomerang d'amour** en plein visage pour le reste de nos vies. Finalement, j'ai opté pour ce que je connais déjà : gâteau, cadeaux et s'entourer de ceux qu'on aime. J'ai voulu me risquer au gâteau fait maison, mais entre mes semaines de boulot bien remplies et mes talents de

CONFIDENCE DE MUM

« Les photos d'anniversaire avec toute la famille sont celles que mon fils de 10 ans a le plus de plaisir à regarder maintenant : il se voit vraiment grandir ! »
Claire

Je voudrais que ce jour soit pour elle un jour magique, un jour plein de sens…

cuisinière du dimanche, j'ai préféré opter pour ma spécialité : choisir un merveilleux gâteau dans une très bonne pâtisserie. Et commander des cadeaux sur Internet puis les emballer avec amour.

Depuis son entrée en crèche, nous expérimentons – un peu trop à notre goût – les virus collectifs. **Cette semaine, c'est au tour de la gastro de s'inviter chez nous**, notre fille est malade depuis deux jours. Elle n'est pas au fond du lit, mais ce n'est pas la grande forme non plus. En fait, comme tous les enfants malades, elle alterne entre des moments de grande pêche et d'autres où elle semble au plus mal. Gérer ces maux au quotidien et leur arrivée dans des moments inattendus, ça fait partie intégrante de la parentalité.

Je suis très émue de voir tout le monde autour d'elle pour son anniversaire, de voir à quel point elle est importante pour mes parents et mes beaux-parents. Et c'est aussi très agréable d'être en famille. Tout le monde s'occupe de nous. Ça a beau être nous qui recevons, personne ne me laisse le temps de faire quoi que ce soit, et j'ai le temps de m'occuper de notre fille à 200 %. Nous avons déposé tous les cadeaux dans un coin de la pièce : je me dis que j'ai bien fait de rester raisonnable et de ne pas trop lui en acheter. Il y en a déjà beaucoup trop pour une si petite fille, et les enfants se désintéressent tellement vite de leurs jouets à cet âge ! **Un an, déjà. C'est étrange comme cela me paraît long et court à la fois.** Il s'est passé tellement de choses depuis un an, et en même temps, que c'est rapide, un an, pour qu'un bébé commence à marcher, à parler, à manger seul. Ça me donne le vertige. Elle a tellement changé ! Nous voilà tous autour d'elle pour souffler l'unique bougie de son beau gâteau au chocolat. « Joyeuuux anniversaire ! Joyeuuux anniversaire ! »

Pour Julien et moi, cette année a été difficile, mais je crois que nous en sortons grandis et plus solides.

Elle nous regarde tous, mi-intriguée, mi-hilare, chanter faux et à tue-tête devant elle. Julien lui a acheté une bougie musicale, qui s'arrête lorsque l'on éteint la flamme. Erreur fatale : dès qu'on souffle la bougie, notre fille nous fait comprendre qu'il faut la rallumer. Ce n'est pas pour déplaire aux quatre grands-parents, qui ont du coup le temps de filmer et de prendre plus de photos que s'ils couvraient la célèbre montée des marches cannoise… Un an, déjà, notre fille. Nos regards se croisent. Pour Julien et moi, cette année a été difficile, mais je crois que nous en sortons grandis et plus solides. Il me sourit. Quelle fierté dans son regard.

Je lui souris en retour. **Il est le père de ma fille.** Si je l'avais eue avec n'importe qui d'autre, elle ne serait pas celle qu'elle est. Julien pose ses yeux sur elle qui rit aux éclats, la bougie pleine de chocolat à la main. Quel amour il a pour elle, c'est bouleversant à regarder. Ma fille a 1 an. **Elle est l'enfant qui m'a fait devenir mère. Et ce n'était pas gagné.**

Ma fille, tu as 1 an. Et nous avons beaucoup de chance d'être tes parents.

LES MALADIES INFANTILES

La collectivité, c'est bien, mais le revers de la médaille, ce sont les maladies infantiles. Gastro, rhino, otite, bronchite, maladies éruptives, parfois poux, gale… l'hiver est en général un festival, mais les autres saisons n'épargnent pas forcément les enfants non plus.

Désormais, il n'y a presque plus d'éviction en cas de maladie contagieuse, sauf cas très rares : les affections sont en général contagieuses avant que les symptômes se manifestent, il est donc trop tard à ce moment-là (lors de l'inscription, renseignez-vous sur les conditions appliquées dans votre crèche). Dans les moments difficiles, consolez-vous en vous disant que votre enfant aura déjà fait la plupart des maladies contagieuses, et qu'il vaut mieux maintenant qu'à 30 ans, car la plupart d'entre elles sont assez bénignes chez l'enfant et graves chez l'adulte (oreillons, varicelle, par exemple). Très souvent, tout se calme… à l'entrée au CP ! Alors restez zen.

Si votre enfant souffre d'une maladie chronique, il peut néanmoins être accueilli en collectivité sous réserve de l'accord du médecin de crèche : un PAI (plan d'action individualisé) sera alors mis en place pour établir un protocole de soin à appliquer au sein de l'établissement (l'asthme et les allergies alimentaires sont le plus souvent en cause).

12 MOIS

L'âge de la marche… Et des vrais problèmes ! Il va maintenant falloir courir très vite et augmenter considérablement son champ de vision. Le bébé est désormais capable de lâcher des objets sur demande, mais s'il n'en a pas envie, vous pouvez toujours vous brosser… Bon courage également pour le porter, car son poids de naissance a désormais triplé. Et ne laissez surtout pas traîner vos doigts : six incisives pourraient s'y planter !

12 MOIS EN QUELQUES CHIFFRES…

- > 81 couches
- > 23 dosettes de sérum phy (la crèche, la rhino…)
- > 59 tétées
- > 20 petits plats maison (maintenant qu'elle mange comme nous, ça va mieux !)
- > 10 petits plats surgelés
- > 47 objets cassants rattrapés au vol
- > 12 chutes de bébé sans gravité
- > 1 cœur de mère nostalgique de voir à quelle vitesse cette année s'est s'écoulée…

ÉPILOGUE...

Aujourd'hui, Elle a déjà bientôt 2 ans.
Après seulement trois mois de reprise du travail, j'ai quitté la crèche pour de nouvelles aventures, et j'ai créé mon agence de communication Web et d'événementiel. Dire que j'avais imaginé une vie bien plan-plan une fois mère : c'est l'inverse qui s'est produit. Je suppose qu'après avoir donné la vie, on réalise à quel point on peut tout faire ?
Julien et moi avons doucement appris à retrouver notre couple, enfoui sous nos couches de parentalité : c'est que nous aimons tellement notre fille que nous nous sommes un peu oubliés nous-mêmes. Quelle terrible épreuve pour un couple, ces premiers temps de la vie de parents, cette perte de repères, ces difficultés à échanger. Nous nous disons souvent que bien des couples s'en sortiraient si on leur disait à quel point c'est normal de se perdre

durant cette période, et si on leur laissait le temps de se retrouver.

Notre petite fille est déjà dans la section des grands à la crèche, et à la prochaine rentrée, elle ira à l'école maternelle. Nous n'avons de cesse d'être fiers d'elle : elle parle de mieux en mieux, elle sait ce qu'elle veut. Elle prend ses livres et fait mine de lire des histoires. Elle serre sa poupée dans ses bras en lui répétant à l'oreille les mots doux que je lui murmure le soir quand elle s'endort. Elle nous embrasse, nous câline, nous caresse la joue. Elle nous dit : « Maman/Papa, je suis contente de te voir ! Tu m'as manqué ! » Elle étonne tout le monde car elle est encore petite pour parler si bien.

Moi aussi, elle m'impressionne. Elle est la promesse de tellement de belles choses. Nous mettons du cœur à lui donner toutes les armes pour plonger dans la vie la joie au ventre. Nous faisons tout pour lui donner l'assurance, la foi, la confiance en elle suffisantes afin de réaliser tout ce qu'elle voudra dans la vie.

Nous, nous avons trop entendu qu'on « ne fait pas toujours ce qu'on veut dans la vie ».
Nous voulons plutôt lui apprendre à quel point on peut presque toujours faire ce qu'on veut dans la vie, tant qu'on a des valeurs et qu'on tient compte de ceux qui nous entourent. Lui apprendre notre conviction que le positif engendre le positif, que c'est une profonde philosophie de vie, à défaut de lui transmettre une religion.
Elle a bientôt 2 ans. Parfois elle nous dit « non, non, non ! », et nous avons envie de l'étriper – car c'est mathématique, cela arrive quand nous sommes épuisés ou en retard. Elle danse au milieu du salon. Elle nous mord puis nous embrasse, ou nous défie du regard avant de nous offrir une fleur ou un dessin. Elle éclate de rire. Elle nous dit : « Je t'aime. » Elle nous apprend beaucoup sur nous, sur elle.

Nous lui parlons, beaucoup. Nous lui expliquons quand nous nous sommes fâchés devant elle, quand nous n'aurions pas dû faire ou dire quelque chose. Nous apprenons à être cohérents, patients, pédagogues. À reconnaître nos erreurs, et à apprendre d'elles.
Nous apprenons à vivre avec cet amour incroyable au cœur.
Nous sommes les très heureux parents d'une petite fille bien plus incroyable que tout ce que nous avions pu imaginer, et même s'il y a des hauts et des bas, nous recommencerions mille fois si c'était à refaire.

Et qui sait, peut-être même qu'un jour...

Direction de la publication : Isabelle Jeuge-Maynart
et Ghislaine Stora

Direction éditoriale : Catherine Delprat

Édition : Sylvie Cattaneo-Naves,
avec la collaboration de Céline de Quéral

Direction artistique : Emmanuel Chaspoul

Mise en pages : Natacha Marmouget

Couverture : Véronique Laporte

Illustrations : Lise Herzog

Lecture-correction : Emmanuelle Pavan

Fabrication : Anne Raynaud

ISBN 978-2-03-588703-0

Photogravure IGS-CP, 16 L'Isle d'Espagnac
Imprimé en Espagne par Cayfosa Impresia Iberica
Dépôt légal : janvier 2013
310575/01 – 11020663 – décembre 2012